"공부습관 확실히 잡아 주는 공습"

• • • • 공부습관을 잡으면 **성적과 학습능력**은 저절로 올라간다!

자기 분야에서 눈에 띄는 성과를 이루어 낸 많은 사람들은 한 목소리로 좋은 습관이 성공의 열쇠였다고 말합니다. 공부도 마찬가지입니다. 자신의 페이스를 꾸준히 유지하며 공부하는 습관을 들인다면 학습능력과 성적은 저절로 따라 올라갑니다.

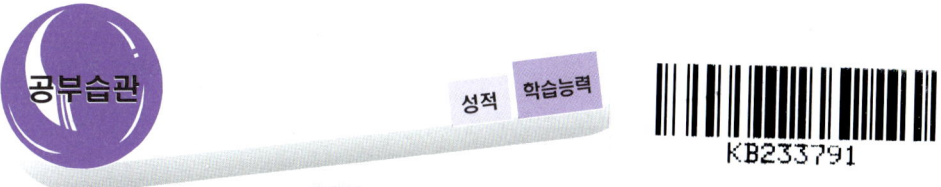

• • • • **올바른 공부습관**이 없다면 학습능력은 사상누각!

본격적인 학교 공부를 시작하는 시기인 초등학교. 바로 이때 공부습관을 제대로 잡아 주는 것이 무엇보다 중요합니다. 이때 형성된 공부습관이 이후 중·고등학교에서의 학업 성취도를 좌우하기 때문입니다.

• • • • **'워밍업 ➡ 해결전략연습 ➡ 의욕충전'**의 3단계 학습법

본격적인 운동을 하기 전에 준비운동으로 몸을 풀면, 더욱 안전하고 효과적인 운동을 할 수 있습니다. 공부를 시작하기 전에도, 먼저 두뇌를 공부할 수 있는 상태로 풀어 주어야 더욱 효율적인 공부를 할 수 있습니다. 공습에서는 준비운동을 통해 두뇌를 공부 모드로 바꿔 준 다음, 해결전략을 연습하는 문제를 풉니다. 그리고 공부 의욕을 높이는 짧막한 글로 마무리하여 학교·학원 공부를 더욱 충실히 수행할 수 있도록 합니다.

" 공습으로 잡는 3대 공부습관 "

•••• 첫째, 스스로 공부하는 습관

잔소리를 해서 공부를 시키는 부모와 잔소리 때문에 억지로 공부하는 아이, 모두 스트레스를 받습니다. 그러나 억지로 하는 공부는 오히려 아이에게 공부에 대한 반감만 일으킬 뿐입니다. 일단 아이의 공부 부담부터 줄여 주세요. 남들 한다고 따라서 이것저것 아이에게 시키지 마세요. 이 시기에는 하루하루 꾸준히 스스로 공부하는 습관을 잡아 주는 것만으로도 충분합니다.

공습은 하루 10분, 부담 없이 재미있게 공부할 수 있습니다. 아이와 하루 10분 공습 공부를 약속하고 지켜 보세요. 시키지 않아도 스스로 공부하는 아이를 만날 수 있을 것입니다.

•••• 둘째, 차례차례 문제를 해결하는 습관

긴 글만 보면 괜히 주눅이 들어서 자기가 가지고 있는 실력을 100퍼센트 발휘하지 못하는 아이들이 많습니다. 이것은 무엇보다 문제의 핵심이 무엇인지 파악하는 훈련이 되어 있지 않기 때문입니다. 학년이 올라갈수록 문제를 분석하여 해결 방법을 찾는 능력이 많이 요구됩니다. 초등학교 때부터 차례차례 문제를 해결하는 방법을 훈련하여, 이를 습관으로 만들어야 합니다.

공습은 절차적 문제해결전략을 반복해서 훈련함으로써, 핵심을 잡아내는 공부습관을 만듭니다.

•••• 셋째, 꾸준히 공부하는 습관

하루 세 끼 규칙적으로, 알맞은 양을 먹는 것이 건강을 지키는 방법입니다. 공부도 마찬가지입니다. 매일매일 아이가 할 수 있는 양만큼만 꾸준히 공부한다면, 아이는 공부와 시험에 대한 부담을 덜어 내고, 자신의 실력을 차곡차곡 쌓을 수 있습니다. 꾸준히 공부하기 위해서, 우선 아이 스스로가 공부는 할 만한 것이라는 자신감과 재미를 가져야 합니다.

공습은 문제해결전략만 이해하면 누구나 풀 수 있습니다. 따라서 아이는 문제를 풀면서 자신감을 갖게 되고, 이러한 자신감은 공부에 대한 재미로 이어져 꾸준히 공부할 수 있는 습관을 만듭니다.

" 공습 훈련 프로그램 – 공습국어 초등어휘 "

•••• 어휘 간의 관계를 이해하고 다양하게 활용하는 습관을 잡는다.

영어 공부를 할 때는 영한사전이 아니라 영영사전을 찾아야 실력이 더 빨리 는다고 합니다. 어휘는 상황과 문맥에 따라 그 뜻이 달라지고, 비슷한 뜻의 어휘라도 상황에 알맞게 구별하여 사용해야 하기 때문입니다. 당장 문장을 해석하고 단어를 외울 때에는 단편적인 뜻을 이용하는 것이 더 편하지만 장기적으로 봤을 때 그런 습관은 독이 됩니다. 공습국어 초등어휘는 단순히 어휘의 뜻만을 외우도록 하지 않습니다. 어휘와 어휘 사이의 관계와 다양한 활용 방법을 반복적으로 훈련함으로써 다각도의 어휘 접근 방법을 일깨워 줍니다.

•••• 암기로 버텨 왔던 어휘를 사고력 확장을 이끄는 어휘로

암기를 통해 머릿속에 넣은 어휘로는 그 어휘가 원래 가지고 있는 개념만큼 다양하게 활용할 수 없습니다. 어휘는 변화무쌍하고 용례 또한 다양하기 때문에 어휘에 대한 접근 역시 과학적이고 다양한 방법으로 해야 합니다. 공습국어 초등어휘의 전략을 통해 어휘 간의 관계를 파악하고 어휘의 다양한 쓰임새를 알 수 있습니다. 어휘 간의 관계를 살펴보는 과정에서 자연스럽게 학습할 어휘의 양을 늘리고 질을 높일 수 있습니다. 또한 어떤 어휘를 보더라도 이런 전략들을 적용시키는 습관을 키울 수 있습니다. 공습국어 초등어휘는 어휘 학습뿐 아니라 사고력까지 높여 주는 과학적 프로그램입니다.

" 『공습국어 초등어휘』 활용 방법 보기"

하나 처음 일주일 정도는 아이와 함께 하세요.

『공습국어 초등어휘』의 어휘 접근 전략을 아이가 이해할 수 있도록 일주일 정도는 아이와 함께 문제를 풀어 보세요. 각각의 전략 단계를 어떻게 풀면 되는지 설명해 주고, 채점을 통해 다시 한번 짚어 줍니다.

둘 매일 1회분씩 꾸준히 하도록 유도하되 강요하지 마세요.

아이에게 공부하라고 말하기 전에, 먼저 공부할 수 있는 환경과 조건을 만들어 주세요. 그리고 아이가 스스로 공부할 때까지 지켜봐 주세요. 또한 하루에 1회분 이상 진도를 나가지 않도록 지도해 주세요. 하루에 2회분 이상의 문제를 푸는 것은 꾸준한 공부 습관 형성에 방해가 될 수 있습니다.

셋 아이의 수준에 맞게 단계별로 선택하세요.

『공습국어 초등어휘』는 초등학교 교과서에서 뽑은 어휘들과 교과 과정 학습에 도움이 되는 어휘들로 이루어져 있습니다. 특히 요즘 국사의 중요성이 점점 부각되고 있기 때문에, 사회 과목의 경우 국사 영역을 따로 구분하여 어휘 학습을 하도록 구성하였습니다. 교과서를 바탕으로 한 어휘는 무엇보다 먼저, 꼭 알아야 하는 기본 어휘입니다. 또한 학교 수업에서 주로 이용되는 어휘들이기 때문에 천차만별인 아이들의 어휘 수준에 보다 가깝게 접근할 수 있습니다. 『공습국어 초등어휘』를 공부할 때, 해당 학년에 속하는 단계를 선택하여 학교 공부와의 연계성을 갖고 이해도를 높이는 것도 좋습니다. 그러나 학교 진도를 따라가기 위한 목적으로 무리하게 단계를 선택하지는 마세요. 『공습국어 초등어휘』는 단기적으로 국어 '성적'을 높이기 위한 교재가 아닙니다. 『공습국어 초등어휘』의 목적은 국어 '능력'을 높이는 것으로, 이것은 장기간의 훈련과 노력을 필요로 합니다. 아이의 어휘 실력에 맞는 단계를 선택할 때 최고의 효과를 얻을 수 있습니다.

단계	구성	어휘 출제 과목	출제 어휘 수
1 · 2학년	30회	국어, 수학, 과학, 사회, 예체능 영역	매 회 10~15개
3 · 4학년	30회	국어, 수학, 과학, 사회 영역	매 회 15~20개
5 · 6학년	30회	국어, 과학, 사회 영역	매 회 20~25개

넷 걸린 시간과 정답 개수를 꼭 적도록 하세요.

공습국어 초등어휘는 문제마다 걸린 시간과 정답 개수를 적도록 하고 있습니다. 아이들이 문제를 푼 다음, 걸린 시간을 적을 수 있도록 미리 시계를 준비해 주세요. 어휘의 양과 난이도에 따라 도전 시간에 차이를 두었습니다.
욕심이 앞서서 문제 풀이의 속도만 높이려 한다면 오히려 어휘 하나하나에 대해 고민하는 시간을 갖지 못합니다. 얼마나 많은 어휘를 외우느냐는 것은 중요하지 않습니다. 어휘를 통해 사고력까지 키울 수 있도록 여유를 가지세요. 도전 시간을 주고 걸린 시간과 정답 개수를 적게 하는 것은 집중력을 높이고 실력 향상의 재미를 느끼게 하기 위한 장치임을 꼭 기억하세요.

다섯 우리 아이, 이럴 땐 이렇게 하세요.

• 도전 시간 안에, 틀린 답 없이 문제를 풉니다.

　뛰어난 어휘 이해 능력을 지녔습니다. 꾸준하게 훈련하면 어휘에 대한 감각이 잡히고 동시에 언어사고력 또한 발달할 것입니다.

• (도전 시간을 기준으로) 걸린 시간은 매우 짧은데, 정답률이 낮습니다.

　문제풀이전략을 이해하지 못한 상태에서 건성으로 문제를 푼 것입니다. 문제의 틀을 이해시키고, 한 문제 한 문제 같이 풀어 보는 과정이 필요합니다.

• (도전 시간을 기준으로) 걸린 시간은 길지만, 정답률은 높습니다.

　전략에 따른 문제 해결이 아직 익숙하지 않거나, 집중력이 오래 가지 못하는 것입니다. 그럼에도 문제를 꼼꼼하게 풀어낸 아이의 끈기를 칭찬해 주시고, 하루하루 지켜봐 주세요. 그리고 주변 환경을 정리하고 부모가 직접 시간을 재서 아이의 집중력이 흐트러지지 않게끔 도와줍니다.

• (도전 시간을 기준으로) 걸린 시간은 긴데, 정답률이 낮습니다.

　문제풀이전략을 이해하지 못한 상태이며, 집중력 또한 떨어지는 것입니다. 옆에서 좀 더 지켜보며 문제 풀이를 다시 설명해 주세요. 주변에서 쉽게 볼 수 있는 사물을 예로 들고, 그 어휘를 그림으로 표현하는 등의 활동을 통해 문제 풀이에 대한 집중력과 재미를 길러 줍니다.

『공습국어 초등어휘』는 공부를 시작하기 위한 준비운동인 「머리 풀어주는 퍼즐」과 본격적인 문제해결전략을 연습하는 「낱말이 쏙 생각이 쏙」(1. 가로세로 낱말 찾기, 2. 낱말 뜻 알기, 3. 비슷한 말 반대말 알기, 4. 큰 말 작은 말 알기, 5. 짝을 이루는 말(관용어) 알기, 6. 낱말 활용하기), 그리고 공부 의욕을 높여 주는 「생각 다지는 글」로 구성되어 있습니다. 아이들의 어휘 수준에 맞게 '낱말' 과 '어휘' 라는 말을 조정하여 사용하였습니다.

준비운동 - 머리 풀어 주는 퍼즐

다양한 퍼즐을 통해 두뇌를 공부 모드로 전환하고 아울러 창의사고력을 키웁니다.

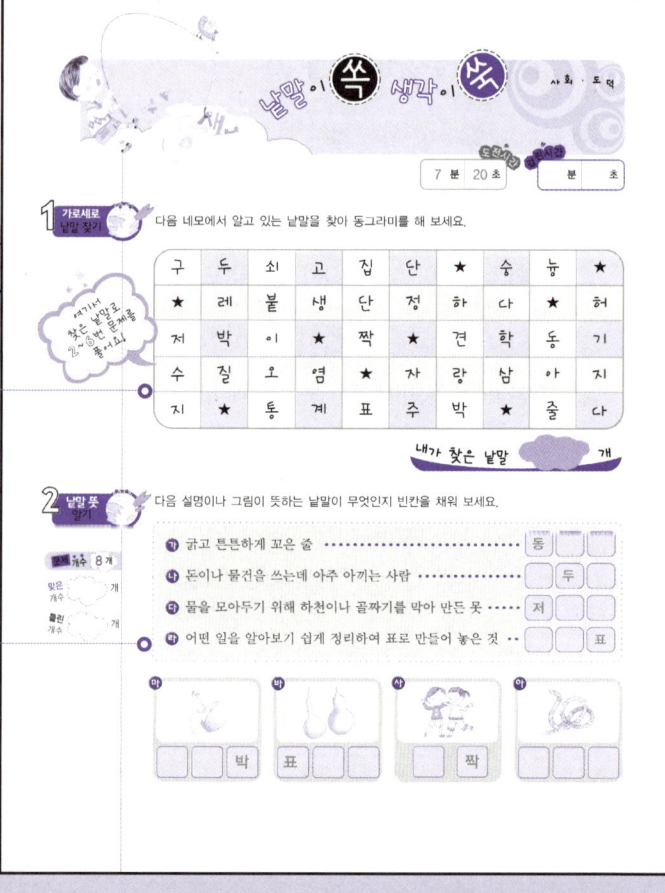

1. 가로세로 낱말 찾기

어휘를 찾아보는 가벼운 몸 풀기 문제입니다. 학습할 어휘와 뜻밖의 조합을 이루는 어휘를 찾으면서 흥미를 느낄 수 있습니다.

2. 낱말 뜻 알기

어휘의 뜻을 찾는 문제입니다. 어렴풋하게는 알지만 정확히 표현하기 어려웠던 어휘의 뜻을 사전적 설명과 그림을 통해 파악할 수 있습니다.

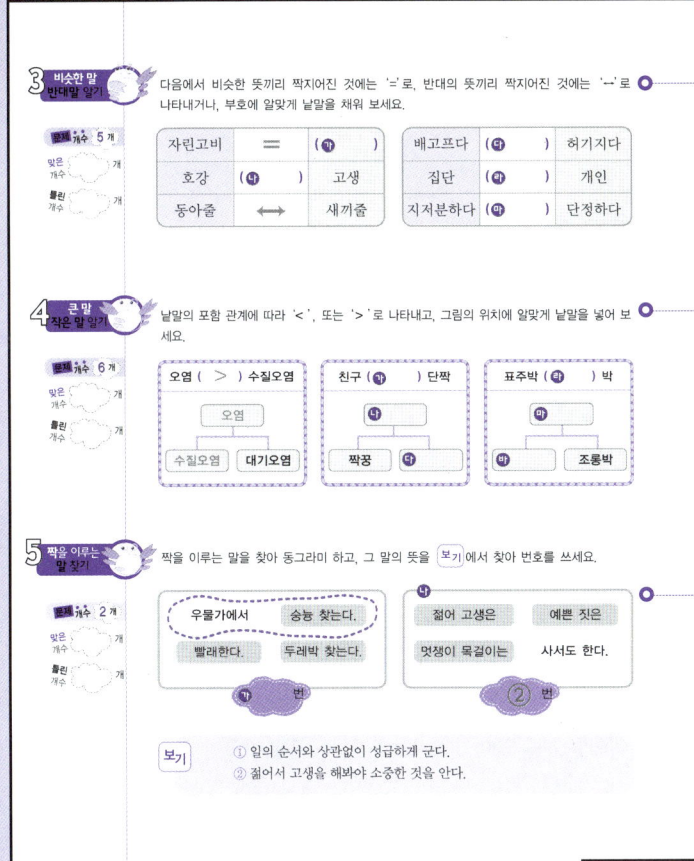

③ 비슷한 말 반대말 알기

다음에서 비슷한 뜻끼리 짝지어진 것에는 '='로, 반대의 뜻끼리 짝지어진 것에는 '↔'로 나타내거나, 부호에 알맞은 낱말을 채워 보세요.

문제 개수 5개
맞은 개수 개
틀린 개수 개

자린고비	=	(㉮)
호강	(㉯)	고생
동아줄	↔	새끼줄

배고프다	(㉰)	허기지다
집단	(㉱)	개인
지저분하다	(㉲)	단정하다

④ 큰 말 작은 말 알기

낱말의 포함 관계에 따라 '<', 또는 '>'로 나타내고, 그림의 위치에 알맞게 낱말을 넣어 보세요.

문제 개수 6개
맞은 개수 개
틀린 개수 개

오염 (>) 수질오염

오염
수질오염 / 대기오염

친구 (㉮) 단짝

㉯
짝꿍 / ㉰

표주박 (㉱) 박

㉲
㉳ / 조롱박

⑤ 짝을 이루는 말 찾기

짝을 이루는 말을 찾아 동그라미 하고, 그 말의 뜻을 보기 에서 찾아 번호를 쓰세요.

문제 개수 2개
맞은 개수 개
틀린 개수 개

㉮
우물가에서 승늉 찾는다.
빨래한다. 두레박 찾는다.
㉮ 번

㉯
절어 고생은 예쁜 짓은
멋쟁이 목걸이는 사서도 한다.
② 번

보기
① 일의 순서와 상관없이 성급하게 군다.
③ 젊어서 고생을 해봐야 소중한 것을 안다.

---

3. 비슷한 말 반대말 알기

비슷한 말과 반대말을 파악하는 문제입니다. 하나의 어휘에 연결되는 비슷한 말, 반대말까지 자연스럽게 알게 되어, 어휘의 의미를 좀 더 분명하게 알 수 있습니다.

4. 큰 말 작은 말 알기

어휘의 포함 관계를 파악하는 문제입니다. 부등호와 그것을 바탕으로 만들어진 조직도를 통해 어휘 간의 상위 개념과 하위 개념을 구분할 수 있습니다.

5. 짝을 이루는 말(관용어) 찾기

관용어를 찾고 그 뜻을 알아보는 문제입니다. 어휘가 관용적으로 쓰이면 원래의 뜻에 변화가 오기 때문에 어휘의 개념 확장에 대해 이해할 수 있습니다.

---

6. 낱말 활용하기

학습한 어휘가 실제 문장이나 생활에서 활용되는 것을 보여 주는 문제입니다. 문맥을 파악하고 상황을 연상하는 능력을 키울 수 있습니다.

마무리 – 생각 다지는 글

공부에 도움이 되는 이야기, 좋은 생활 습관을 다지는 이야기 등 부모가 아이에게 해 주고 싶은 이야기를 다양하게 싣고 있습니다.

---

⑥ 낱말 활용하기

다음 ㉮~㉲의 ( )에 알맞은 낱말을 보기 에서 찾아 번호를 쓰고, ㉲의 질문에 답해 보세요.

문제 개수 4개
맞은 개수 개
틀린 개수 개

㉮ 아끼고 절약하는 것은 좋지만 (①) 소리를 들을까 염려된다.
㉯ 우물가에서 물을 긷기 위해서는 ( )이/가 꼭 필요하다.
㉰ 엄마는 이모들이 오자 내가 상탄 것을 ( ) 얘기하셨다.
㉱ 기영이와 나는 세상에 둘도 없는 ( )이다.
㉲ '우물가에서 승늉 찾는다.'는 어떤 경우에 쓰이는 말인지 써 보세요.
→ _____

보기 ① 구두쇠 ② 저수지 ③ 자랑삼아 ④ 견학 ⑤ 승늉 ⑥ 두레박 ⑦ 단짝

총 문제 개수 25개 총 맞은 개수 개 총 틀린 개수 개

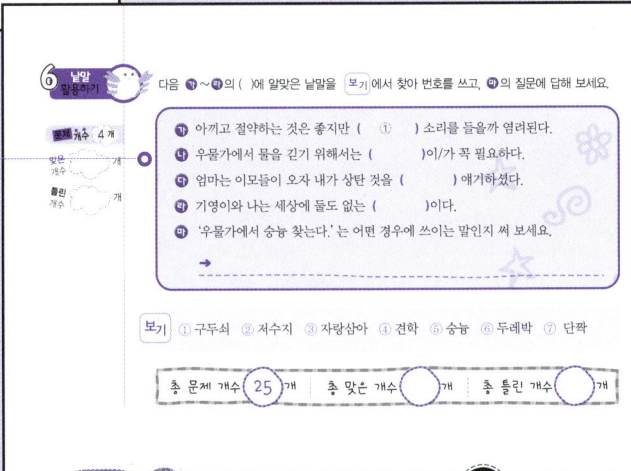

좋은 습관 다지는 아무것이나 먹으면 곤란해!

학교 앞 문구점에서 파는 알록달록 진한 색깔의 사탕들, 100원 짜리 아이스크림, 달디 단 음료수……. 여러분도 한 번쯤은 무심코 사 먹은 기억이 있지요? 이런 식품에는 맛과 모양을 좋게 하거나 보관을 오래 하기 위해서 '식품 첨가물'이라는 인공 조미료가 들어갑니다. 이것은 건강에 해가 될 뿐 아니라 암과 같은 무시무시한 병을 일으킬 수도 있어요.
한참 성장하는 나이에 이런 식품 첨가물을 많이 먹으면 성장 발달에 좋지 않아요. 항상 내 몸으로 들어가는 음식은 안전한지 아닌지 꼭 따져보고 먹는 습관을 기르도록 하세요.

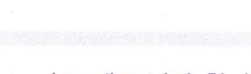
1. 가로 세로 낱말 찾기

다음 네모에서 알고 있는 낱말을 찾아 동그라미를 해 보세요.

명	절	다	리	밟	기	땔	오	장	★
★	한	탈	춤	윷	★	감	곡	작	보
대	식	조	★	놀	민	요	밥	★	릿
보	★	동	지	이	속	판	소	리	고
름	더	위	팔	기	아	궁	이	★	개

내가 찾은 낱말 16 개

가로 혹은 세로에 숨어 있는 어휘를 찾아 동그라미로 묶습니다. 한 글자씩 겹치기도 합니다. '윷놀이'와 '더위팔기'의 끝 글자들이 '이기'라는 조금 생소한 글자를 만들기도 하고, 또 '다리'와 '밟기'처럼 각자의 뜻을 가지고 있는 어휘들이 '다리밟기'라는 하나의 뜻을 만들기도 합니다. 그래서 학습자의 수준에 따라 주어진 글자로 만들 수 있는 어휘의 개수가 달라집니다. 어떤 아이는 '동위'처럼 잘 쓰이지 않는 어휘를 찾을 것이고, 더러 호기심이 많은 아이는 '판궁'처럼 뜻이 없는 어휘를 찾아 그 뜻을 궁금해 할 것입니다.

찾은 어휘를 세어 개수를 표시합니다. 해설지에 표시된 어휘보다 더 많이 찾을 수도 있고 적게 찾을 수도 있습니다. 찾은 개수는 그다지 중요하지 않습니다. 그러나 해설지에 표시된 어휘는 교과서에서 뽑은 기본 어휘입니다. 곧 문제를 풀기 위해 기본적으로 필요한 어휘이므로 많이 찾지 못했을 경우에는 아이에게 조금 더 시간을 주세요. 그리고 아이와 함께 누가 빨리 어휘를 찾아내는지 게임을 하며 아이의 흥미를 높여 주세요.

2. 낱말 뜻 알기

다음 설명이나 그림이 뜻하는 낱말이 무엇인지 빈칸을 채워 보세요.

㉮ 곡식은 떨어지고 보리는 여물지 않아 먹을 것이 없는 때 ·· 보 릿 고 개
㉯ 설날이나 추석처럼 해마다 일정하게 지키어 즐기거나 기념하는 때 ··· 명 절
㉰ 일 년 중 낮이 가장 짧고 밤이 가장 긴 절기 ·········· 동 지
㉱ 일반 백성들 사이에 내려오는 풍속 등 문화를 통틀어 이르는 말 · 민 속

㉲ 탈 춤 ㉳ 판 소 리 ㉴ 윷 놀 이 ㉵ 아 궁 이

〈1. 가로세로 낱말 찾기〉에서 찾은 어휘 중, 설명과 그림이 가리키는 어휘를 찾아 빈칸에 써 넣습니다.

3. 비슷한 말 반대말 알기

다음에서 비슷한 뜻끼리 짝지어진 것에는 '≒'로, 반대의 뜻끼리 짝지어진 것에는
'↔'로 나타내거나, 부호에 알맞게 낱말을 채워 보세요.

장작	(㉮ ≒)	땔감
하지	↔	(㉯ 동지)
아궁이	(㉰ ≒)	불구멍

민속	(㉴ ↔)	현대
판소리	(㉳ ↔)	대중가요
대보름달	↔	초승달

비슷한 말끼리 짝을 지은 것에는 '같다'를 뜻하는 '≒' 표시를, 반대말끼리 짝을 지은 것에는 '다르다'를 뜻하는 '↔' 표시를 합니다. 그리고 낱말 부분이 빈칸인 것에는 제시된 어휘와 비슷한, 혹은 반대의 뜻을 지닌 어휘를 써 넣습니다. '장작'과 '땔감'은 비슷한 뜻이니 ㉮에는 '≒'를 넣고, '민속'과 '현대'는 반대의 뜻이니 ㉴에는 '↔'를 넣습니다. 또 '하지'와 반대의 뜻을 가지고 있는 말을 〈1. 가로세로 낱말 찾기〉에서 찾으면 '동지'가 가장 적당하므로, ㉯에는 '동지'를 써 넣습니다.

4. 큰 말 작은 말 알기

낱말의 포함 관계에 따라 '<', 또는 '>'로 나타내고, 그림의 위치에
알맞게 낱말을 넣어 보세요.

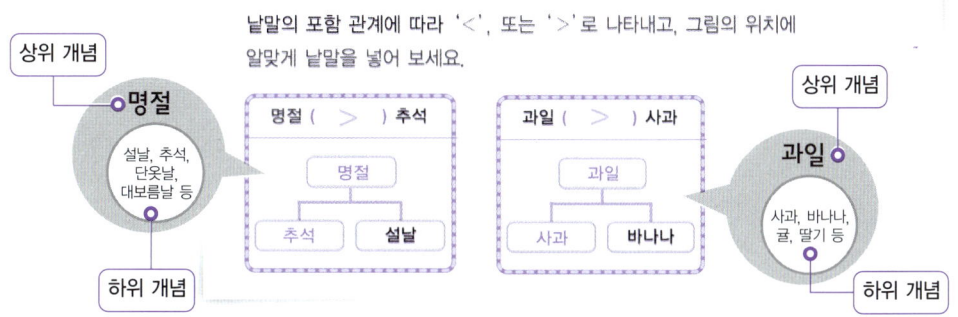

'추석'이나 '설날'은 해마다 기념하는 날들로 이들을 아울러 '명절'이라고 부릅니다. 곧 명절은 명절의 예들을 모두 포함하는 상위 개념이고, '추석', '설' 등은 명절에 포함되는 하위 개념임을 알 수 있습니다. 포함 관계를 부등호로 나타내며, 더 범위가 큰 쪽에 부등호를 향하게 합니다. 조직도에는 상위 개념이 위의 칸에, 하위 개념이 아래 칸에 들어갑니다.

벤다이어그램을 보면 어휘의 포함 관계를 더욱 쉽게 알 수 있습니다. 우선 아이들에게는 쉬운 예를 들어 설명해 주세요. '사과', '바나나', '과일'이라는 어휘가 있다면 사과와 바나나는 과일의 한 종류로 '과일'에 속합니다. 부등호는 '과일' 쪽으로 향하며, 조직도 위의 칸에는 '과일'이, 아래 칸에는 '사과'와 '바나나'가 자리합니다.

5. 짝을 이루는 말(관용어) 찾기

짝을 이루는 말을 찾아 동그라미 하고, 그 말의 뜻을 보기에서 찾아 번호를 쓰세요.

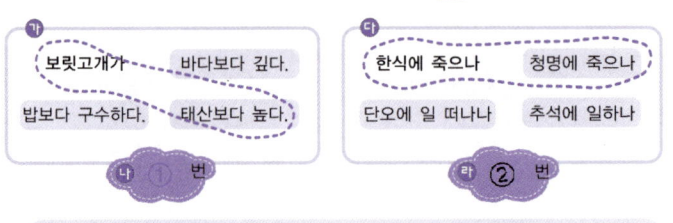

보기
① 농사지은 식량으로 보리가 날 때까지 견디기가 매우 힘들다.
② 하루 먼저 죽으나 뒤에 죽으나 같다.

관용어를 이루는 어휘의 짝을 찾아 동그라미로 묶습니다. 그리고 그것들이 짝을 이루어 나타내는 뜻을 [보기]에서 찾아 그 뜻에 해당하는 번호를 빈칸에 써 넣습니다. 앞서 학습한 어휘가 들어가는 말을 최대한 이용하였고, 뜻이나 상황에서 관련성을 갖는 어휘도 이용하였습니다.

6. 낱말 활용하기

다음 ㉮~㉱의 ( )에 알맞은 낱말을 보기에서 찾아 번호를 쓰고, ㉲의 질문에 답해 보세요.

㉮ 정월 대보름날 (⑤)은/는 한여름 더위를 미리 다른 이에게 파는 놀이이다.
㉯ 예전에는 산에서 나무를 해다가 (④)(으)로 사용하였다.
㉰ 춘향가, 심청가 등의 (⑥)은/는 우리에게는 동화로 더 유명하다.
㉱ 우리나라는 밤이 긴 (②)에 팥죽을 쑤어 먹는 풍습이 있다.
㉲ '보릿고개'를 넣어 짧은 글을 지어 보세요.
→ 겨울이 지나고 보릿고개가 코앞에 닥쳤다.

보기 ① 윷놀이 ② 동지 ③ 민속 ④ 땔감 ⑤ 더위팔기 ⑥ 판소리 ⑦ 보릿고개

학습한 어휘가 실제로 어떻게 활용되는지 보여주는 문제입니다. 앞뒤의 문맥을 보고 적합한 어휘를 선정하여 문장을 완성합니다. 그리고 짧은 글짓기를 하거나 그 말이 사용되는 상황을 연상해 보며 언어사고력을 확장시킵니다.

차례
Contents

공습을 시작하며... • • • • 매일 매일 즐거운 마음으로 공습국어 초등어휘 1회부터 30회까지 꾸준히 풀어 보세요. 자, 준비됐나요? 그럼 신나게 시작해 보세요!

01회

머리 풀어주는 퍼즐

도전 시간	걸린 시간
00 분 25 초	분 초

창의사고력 기초 다지기   주의집중력 쑥~

다음 그림들이 각각 몇 장씩인지 세어 보세요.

새	장
고양이	장
별	장
네모	장
딸기	장

낱말이 쏙 생각이 쑥

1 가로세로 낱말 찾기

다음 네모에서 알고 있는 낱말을 찾아 동그라미를 해 보세요.

여기서 찾은 낱말로 2~6번 문제를 풀어요!

가	오	누	이	아	★
족	형	할	아	버	지
★	제	머	기	지	남
어	머	니	★	자	매
며	느	리	울	타	리

내가 찾은 낱말 　　　 개

2 낱말 뜻 알기

다음 설명이나 그림이 뜻하는 낱말이 무엇인지 빈칸을 채워 보세요.

문제 개수 6 개

맞은 개수 　 개

틀린 개수 　 개

가 아들의 아내 ••••••••••••••• ☐ 느 ☐

나 풀이나 나무 따위를 얽거나 엮어서
　담 대신에 경계를 지어 막는 물건 ••••••••• ☐ ☐ 리

다 언니와 여자 동생 사이 •••••••••••••••••• ☐ ☐

라 　할 ☐ ☐

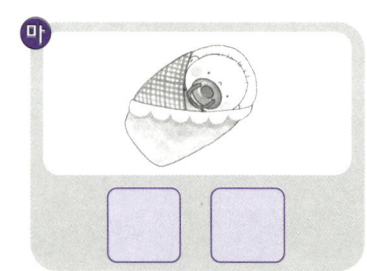

마 ☐ ☐

바 　가 ☐

다음에서 비슷한 뜻끼리 짝지어진 것에는 '='로, 반대의 뜻끼리 짝지어진 것에는 '↔'로 나타내거나, 부호에 알맞게 낱말을 채워 보세요.

문제 개수 3 개

맞은 개수 ⬚ 개

틀린 개수 ⬚ 개

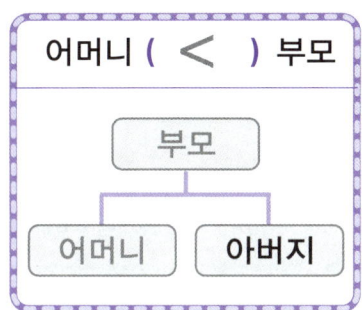

식구	=	(㉮)
삼촌	(㉯)	작은아버지

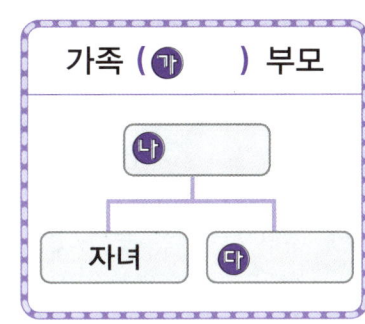

남매	(㉰)	오누이
사위	(↔)	며느리

④ 큰 말
작은 말 알기

낱말의 포함 관계에 따라 '<', 또는 '>'로 나타내고, 그림의 위치에 알맞게 낱말을 넣어 보세요.

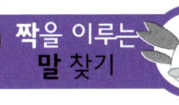

문제 개수 3 개

맞은 개수 ⬚ 개

틀린 개수 ⬚ 개

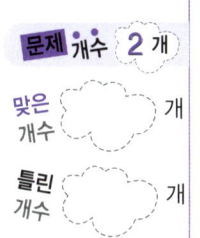

어머니 (<) 부모

부모
┌──────┬──────┐
어머니   아버지

가족 (㉮) 부모

㉯
┌──────┬──────┐
자녀   ㉰

가족은 한 집안 사람 모두를 포함하는 말이야.

⑤ 짝을 이루는 말 찾기

짝을 이루는 말을 찾아 동그라미 하고, 그 말의 뜻을 보기 에서 찾아 번호를 쓰세요.

문제 개수 2 개

맞은 개수 ⬚ 개

틀린 개수 ⬚ 개

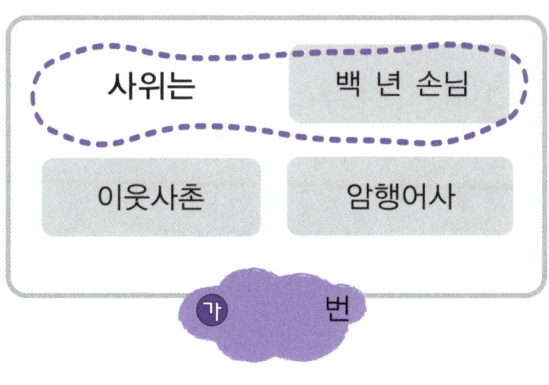

㉮ 사위는 ⟨백 년 손님⟩

이웃사촌   암행어사

㉮ 번

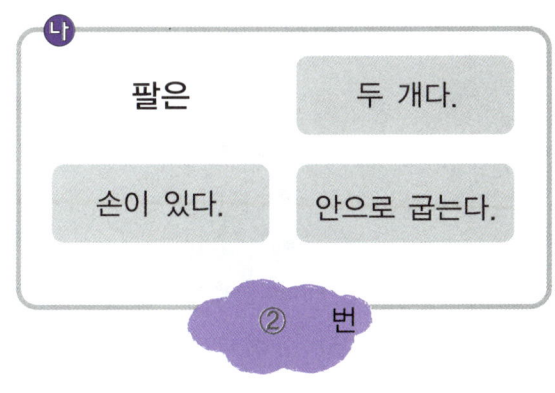

㉯ 팔은   두 개다.

손이 있다.   안으로 굽는다.

② 번

보기 ① 사위는 소홀히 대하지 못함.
      ② 자기와 친한 사람의 편을 들게 됨.

6 낱말 활용하기

다음 **가**~**라** 의 ( )에 알맞은 낱말을 **보기** 에서 찾아 번호를 쓰고, **마** 의 질문에 답해 보세요.

문제 개수 4 개

맞은 ⬚ 개
개수

틀린 ⬚ 개
개수

가 공개 수업을 하는 날, 교실 뒤편에는 많은 (②)들이 우리를 지켜보고 있어요.

나 비행기를 처음 발명한 사람은 라이트 ( )예요.

다 '해와 달이 된 ( )'에서 하늘은 호랑이에게 썩은 동아줄을 내려주었어요.

라 이모와 엄마는 ( )예요.

마 '며느리'를 넣어 짧은 글을 지어 보세요.

→ _____

보기 ① 자매 　② 부모님 　③ 할아버지 　④ 삼촌 　⑤ 오누이 　⑥ 형제

총 문제 개수 ⟨18⟩ 개 ┊ 총 맞은 개수 ◯ 개 ┊ 총 틀린 개수 ◯ 개

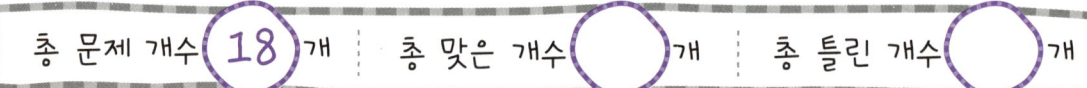

생각 하고 되새기는

글을 읽고 나서 오늘 공부를 신나게 시작하자고!

새옹지마 이야기 I

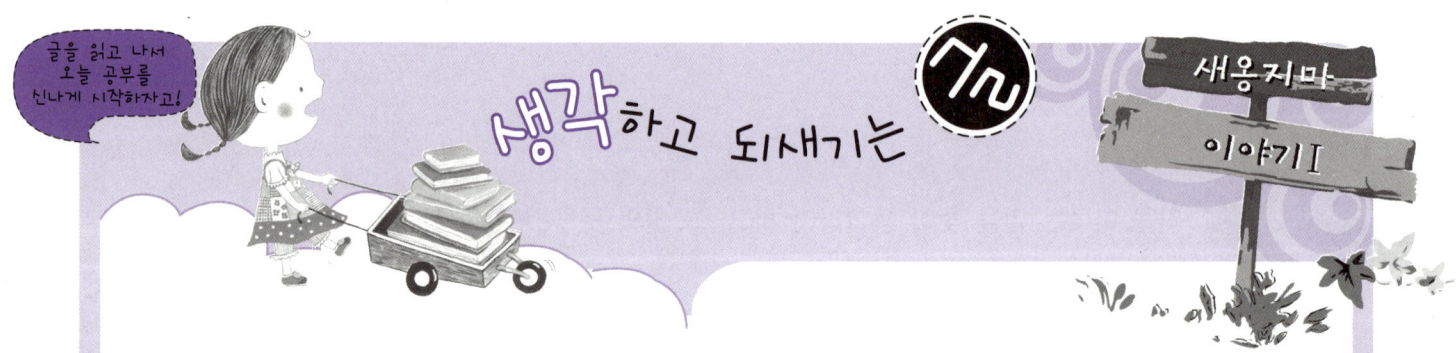

　옛날 중국의 북쪽 국경에 한 노인이 살았습니다. 하루는 그가 기르던 말이 도망쳐 오랑캐 국경 너머로 가버리자 마을 사람들이 그를 위로하였습니다. 그러나 노인은, "이것이 또 무슨 복이 되는지 어찌 알겠소!"라며 낙심하지 않았습니다.

　그런데 뜻밖에도 그 말이 오랑캐의 좋은 말 한 필을 끌고 돌아와 마을 사람들이 이를 축하하자 노인은 "그것이 또 무슨 화가 되는지도 모를 일이지."라며 크게 기뻐하지 않았습니다.

　어느 날 말타기를 좋아했던 노인의 아들이 그 말을 타고 달리다 떨어져 그만 다리가 부러졌으나 "누가 알겠소, 이 일이 오히려 복이 되는지도!"라며 노인은 슬퍼하지 않았습니다.

　몇 년이 지난 후 오랑캐들이 쳐들어왔을 때 젊은 남자들이 모두 전쟁터에 나가 전사하였으나 절름발이었던 노인의 아들은 다행히 목숨을 건질 수 있었습니다.

도전 시간	걸린 시간
00 분 15 초	분 초

창의사고력 기초 다지기 연상추리력 쑥~

다음 흩어진 퍼즐 조각을 완성하면 무엇이 될지 써 보세요.

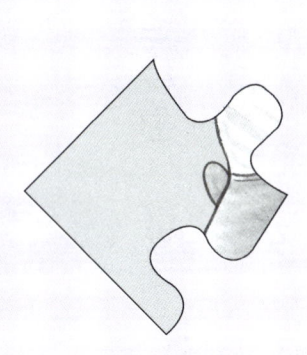
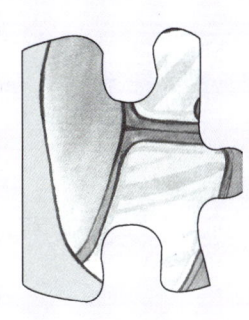
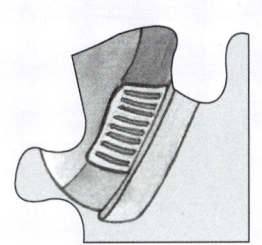

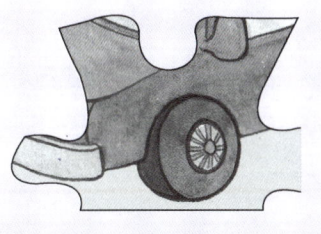
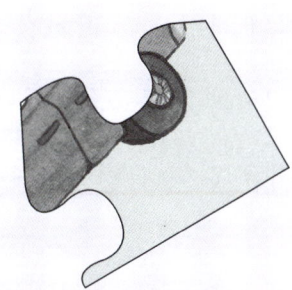
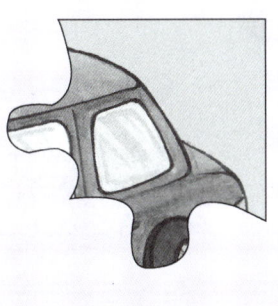

퍼즐을 완성하면  가 됩니다.

낱말이 쏙 생각이 쑥

1 가로세로 낱말 찾기

다음 네모에서 알고 있는 낱말을 찾아 동그라미를 해 보세요.

여기서 찾은 낱말로 2~6번 문제를 풀어요!

상	★	식	연	★	공
자	동	물	못	새	쏙
★	산	★	들	판	★
모	둥	근	기	둥	마
양	개	울	★	화	단

내가 찾은 낱말 ⬭ 개

2 낱말 뜻 알기

다음 설명이나 그림이 뜻하는 낱말이 무엇인지 빈칸을 채워 보세요.

문제 개수 6 개

맞은 개수 ⬭ 개

틀린 개수 ⬭ 개

가 편평하고 넓게 트이어 사방으로 펼쳐진 땅 ·············· ☐ 판

나 골짜기나 들에 흐르는 작은 물줄기 ·············· ☐ 울

다 마을 부근에 있는 작은 산이나 언덕 ·············· ☐ 산

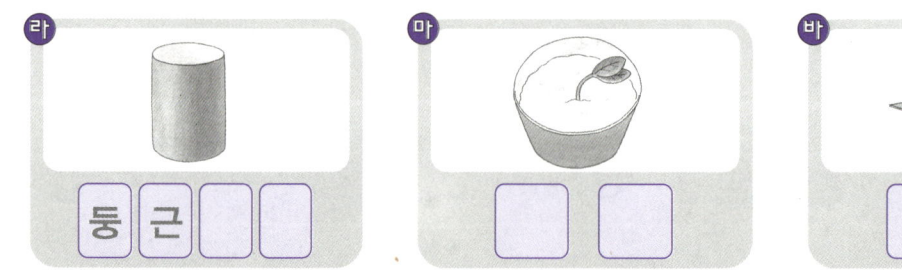

라 둥 근 ☐ ☐

마 ☐ ☐

바 ☐ ☐

18

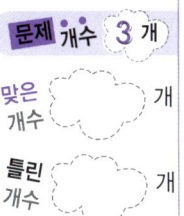
다음에서 비슷한 뜻끼리 짝지어진 것에는 '='로, 반대의 뜻끼리 짝지어진 것에는 '↔'로
나타내거나, 부호에 알맞게 낱말을 채워 보세요.

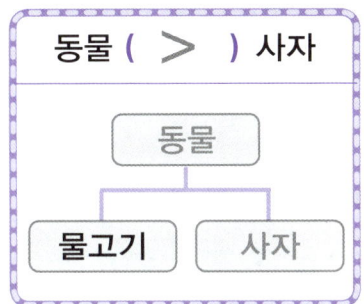

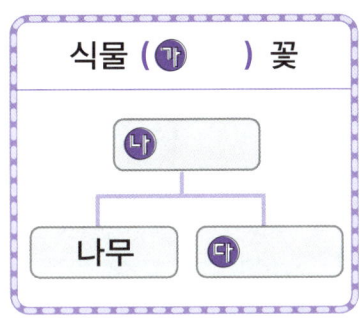

낱말의 포함 관계에 따라 '<', 또는 '>'로 나타내고, 그림의 위치에 알맞게 낱말을 넣어 보
세요.

동물은
대부분 자기
스스로 움직일 수
있어.

짝을 이루는 말을 찾아 동그라미 하고, 그 말의 뜻을 보기 에서 찾아 번호를 쓰세요.

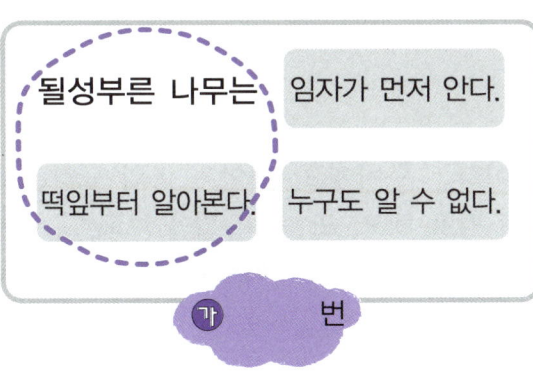

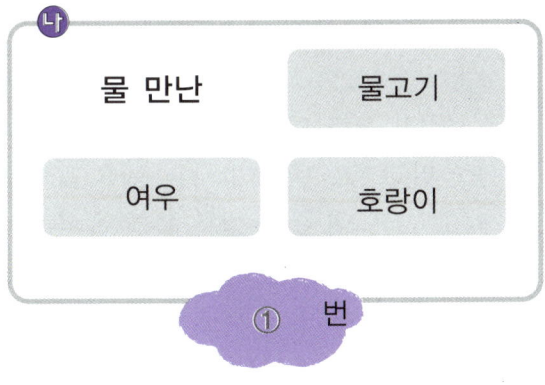

보기   ① 어려움에서 벗어나 크게 활약할 곳을 만나다.
② 크게 될 사람은 어려서부터 남과 다르다.

6 낱말 활용하기

다음 ㉮~㉣ 의 ( )에 알맞은 낱말을 보기 에서 찾아 번호를 쓰고, ㉤ 의 질문에 답해 보세요.

문제 개수 **4** 개

맞은 개수 ◌ 개

틀린 개수 ◌ 개

㉮ 봄이 되면 땅에서 많은 (⑥   )들이 돋아나요.

㉯ 장난감을 (   )에 넣어 정리하면 나중에 찾기가 쉬워요.

㉰ 징검다리는 큰 돌을 중간 중간에 놓아 (   )을 건너기 좋게 만든 것이에요.

㉱ 강아지나 고양이 등 집에서 기르는 것을 애완 (   )이라고 해요.

㉲ '물 만난 물고기' 를 넣어 짧은 글을 지어 보세요.

→ _____

보기 ① 상자   ② 연못   ③ 개울   ④ 동산   ⑤ 동물   ⑥ 새싹

총 문제 개수 **18** 개 │ 총 맞은 개수 ◯ 개 │ 총 틀린 개수 ◯ 개

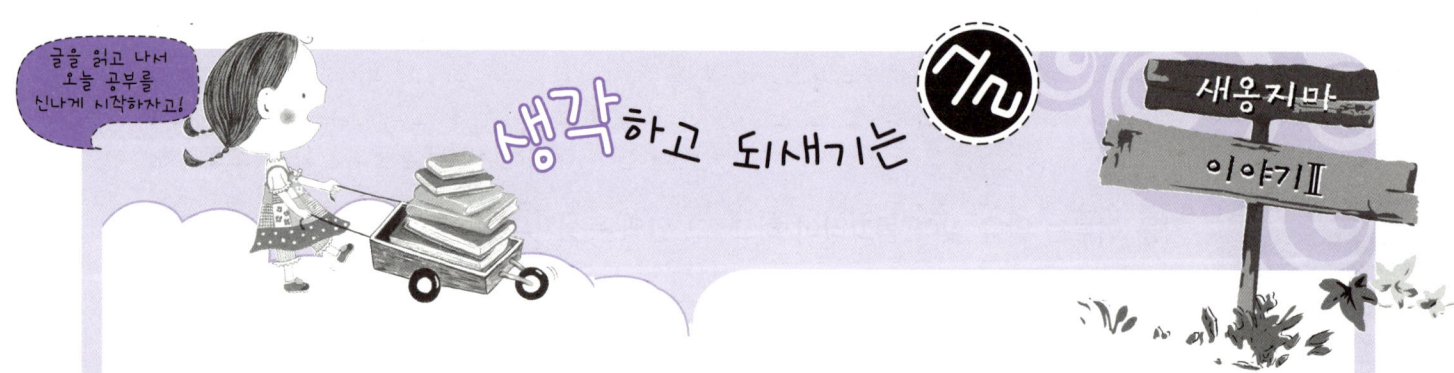

생각하고 되새기는 새옹지마 이야기Ⅱ

글을 읽고 나서 오늘 공부를 신나게 시작하자고!

　지난 글에 읽었던 '새옹지마 이야기' 에 대해 좀 더 이야기해 볼게요. '새옹지마(塞翁之馬)' 란 '북쪽 변방에 사는 늙은 노인의 말' 이라는 뜻이에요. 이야기 속의 노인은 좋은 일을 보고 그 일이 슬픈 일을 불러 올 수도 있다고 말을 해요. 또, 슬픈 일을 보고 그 일이 좋은 일을 만들어 줄 수도 있다고 말을 하지요. 이것이 바로 '새옹시마' 인데요, 이 말은 좋은 일이 슬픈 일을 불러 올 수도, 슬픈 일이 다시 복을 불러올 수도 있다는 뜻을 담고 있어요.

　어른들이 "인생사 새옹지마더라!"라고 간혹 말씀하시는데, 인생을 살면서 바로 다음 순간의 일을 예측할 수가 없다는 것이죠. 그렇지만 사는 일은 누구도 예측할 수 없는 것이기에 더 궁금한 것이 아닐까요?

머리 풀어주는 퍼즐

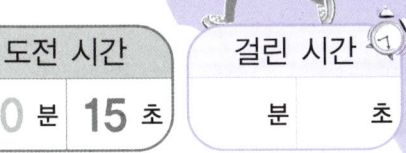

도전 시간	걸린 시간
00 분 15 초	분 초

창의사고력 기초 다지기 판단능력 쑥~

다음 1부터 30까지의 숫자 중에서 짝수에만 동그라미를 해 보세요.

도전시간 | 7 분 | 50 초

걸린시간 | 분 | 초

1 가로세로 낱말 찾기

다음 네모에서 알고 있는 낱말을 찾아 동그라미를 해 보세요.

여기서 찾은 낱말로 2~6번 문제를 풀어요!

씩	씩	한	망	태	기
★	리	준	비	물	알
★	듬	뿍	안	녕	림
학	용	품	★	수	장
급	시	간	표	업	★

내가 찾은 낱말 　　　　개

2 낱말 뜻 알기

다음 설명이나 그림이 뜻하는 낱말이 무엇인지 빈칸을 채워 보세요.

문제 개수 6 개

맞은 개수 　　개

틀린 개수 　　개

㉮ 굳세고 강인한 ······················ □ □ 한

㉯ 음의 장단이나 강약이 반복될 때 나타나는 규칙적인 음의 흐름 ·· □ 듬

㉰ 한 교실에서 공부하는 학생을 한꺼번에 일컫는 말 ··········· □ 급

㉱ 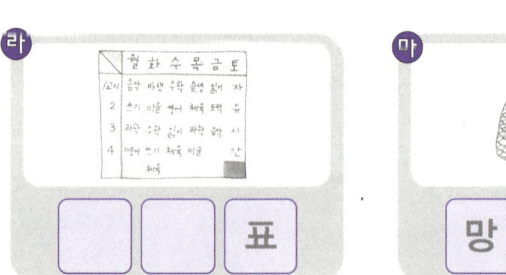 □ □ 표

㉲  망 □ □

㉳  □ □ 품

22

3 비슷한 말 반대말 알기

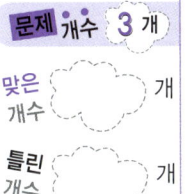

문제 개수 3 개

맞은 개수 　 개

틀린 개수 　 개

다음에서 비슷한 뜻끼리 짝지어진 것에는 '='로, 반대의 뜻끼리 짝지어진 것에는 '↔'로 나타내거나, 부호에 알맞게 낱말을 채워 보세요.

굳센	=	(가)
학급	(나)	한 반

조금	↔	듬뿍
망태기	(다)	망태

4 큰말 작은 말 알기

문제 개수 3 개

맞은 개수 　 개

틀린 개수 　 개

낱말의 포함 관계에 따라 '<', 또는 '>'로 나타내고, 그림의 위치에 알맞게 낱말을 넣어 보세요.

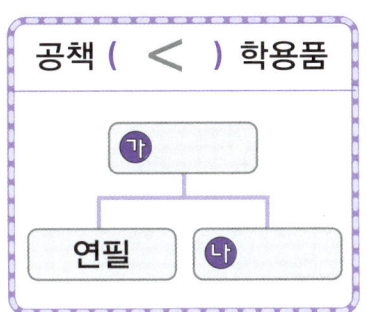

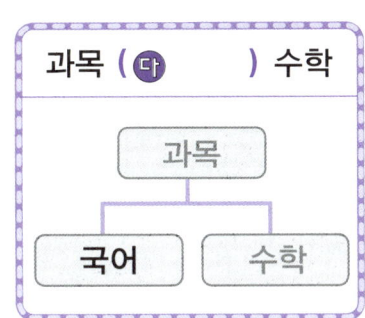

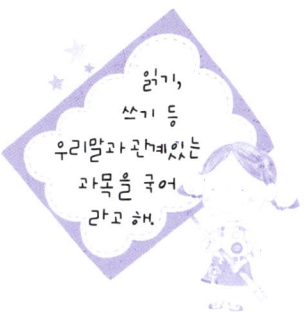

읽기, 쓰기 등 우리말과 관계있는 과목을 국어 라고 해.

5 짝을 이루는 말 찾기

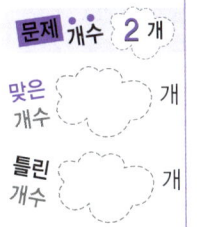

문제 개수 2 개

맞은 개수 　 개

틀린 개수 　 개

짝을 이루는 말을 찾아 동그라미 하고, 그 말의 뜻을 보기 에서 찾아 번호를 쓰세요.

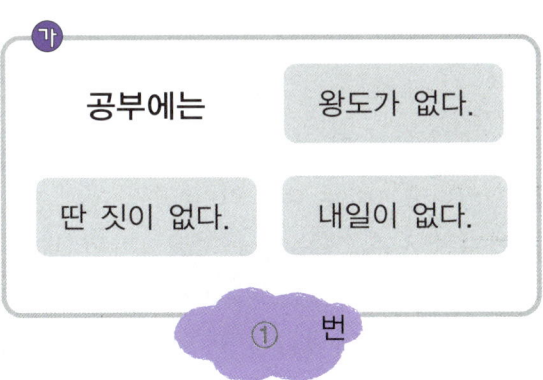

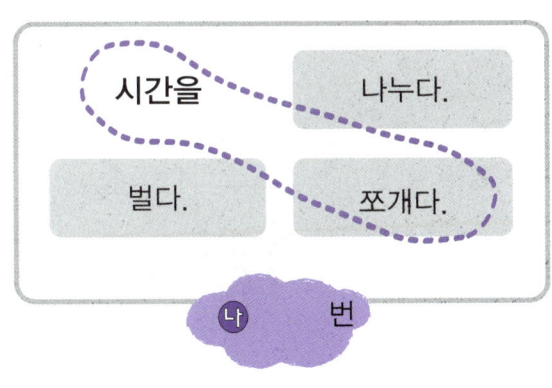

보기

① 공부는 왕이 따로 없이 누구에게나 어렵다.
② 시간을 아끼고 아끼어 사용하다.

다음 가~라 의 ( )에 알맞은 낱말을 보기 에서 찾아 번호를 쓰고, 마 의 질문에 답해 보세요.

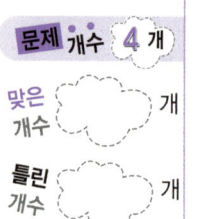

문제 개수 4 개

맞은 개수 ⬜ 개

틀린 개수 ⬜ 개

가 (⑥) 시간에는 조용히 선생님 말씀을 잘 들어야 해요.

나 즐거운생활 시간에는 비행기를 만들 거니까 ( )은 색종이예요.

다 이 다음에 어른이 되면 나라를 지키는 ( ) 군인이 되고 싶어요.

라 ( )에 맞춰 팔과 다리를 움직이세요.

마 '시간표'를 넣어 짧은 글을 지어 보세요.

→ _____

보기 ① 씩씩한 ② 준비물 ③ 시간표 ④ 리듬 ⑤ 망태기 ⑥ 수업

총 문제 개수 18 개 │ 총 맞은 개수 ◯ 개 │ 총 틀린 개수 ◯ 개

공부 의욕 다지는

글을 읽고 나서 오늘 공부를 신나게 시작하자고!

천재는 태어나는 것일까?

소리를 내는 축음기, 빛을 내는 전구, 그리고 영화를 볼 수 있는 영사기……. 우리들이 자주 쓰는 물건들을 누가 처음 만들었는지 알고 있나요? 바로 미국의 발명왕 에디슨이랍니다.

흔히 우리는 에디슨을 천재라 생각하기 쉽지만 사실 그는 초등학교 1학년 때 선생님으로부터 '가망 없는 아이'라는 이야기까지 들어야 했던 문제아였죠. 새로운 것에 호기심이 많고 늘 엉뚱한 에디슨을 믿어 준 것은 다름 아닌 그의 어머니였습니다. 어머니 덕분에 에디슨은 학교에 가지 않고도 혼자 힘으로 열심히 공부할 수 있었지요.

'천재는 99퍼센트 노력과 1퍼센트의 영감으로 이루어진다.'는 그의 말처럼, 자기가 좋아하는 일에 대한 끊임없는 열정과 노력이 그를 세계 최고의 발명왕으로 만든 원동력일 것입니다.

머리 풀어주는

창의사고력 기초 다지기 정보처리능력 쑥~

빙글빙글 돌아가는 그림입니다. ❶번과 같은 그림 2개를 골라 보세요.

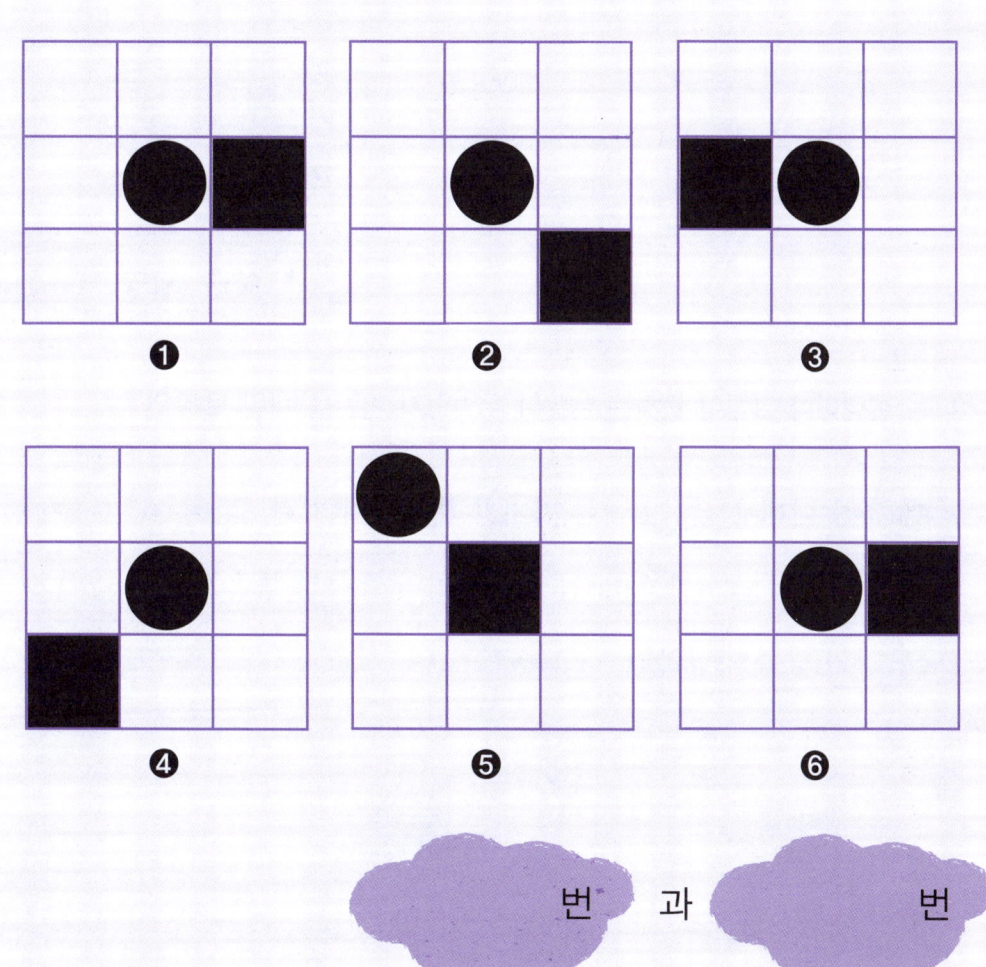

번 과 번

도전시간
| 6 분 | 40 초 |

걸린시간
| 분 | 초 |

1 가로세로 낱말 찾기

다음 네모에서 알고 있는 낱말을 찾아 동그라미를 해 보세요.

여기서 찾은 낱말로 2~6번 문제를 풀어요!

★	거	리	★	지	★
길	가	★	마	붕	골
★	차	도	을	★	목
고	★	로	굴	뚝	★
향	시	골	★	동	네

내가 찾은 낱말 □ 개

2 낱말 뜻 알기

다음 설명이나 그림이 뜻하는 낱말이 무엇인지 빈칸을 채워 보세요.

문제 개수 **6** 개

맞은 개수 □ 개

틀린 개수 □ 개

가 조상 대대로 살아왔거나 자기가 태어나서 자란 곳 ·········· □ 향

나 큰길에서 들어가 동네 안을 이리저리 통하는 좁은 길 ········· □ 목

다 길의 양쪽 가장자리 ··········· □ 가

라
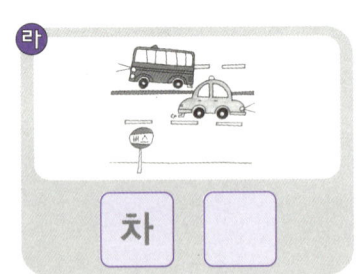
차 □

마

□ 붕

바

□ 뚝

3 비슷한 말 반대말 알기

문제 개수 4 개

맞은 개수 ⬭ 개

틀린 개수 ⬭ 개

다음에서 비슷한 뜻끼리 짝지어진 것에는 '='로, 반대의 뜻끼리 짝지어진 것에는 '↔'로 나타내거나, 부호에 알맞게 낱말을 채워 보세요.

길	(가)	거리
도시	(나)	시골

차도	(다)	인도
마을	(라)	촌락

4 큰 말 작은 말 알기

문제 개수 6 개

맞은 개수 ⬭ 개

틀린 개수 ⬭ 개

낱말의 포함 관계에 따라 '<', 또는 '>'로 나타내고, 그림의 위치에 알맞게 낱말을 넣어 보세요.

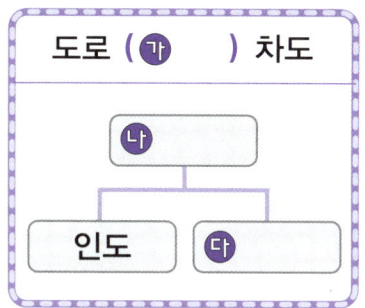

도로 (가) 차도

나

인도   다

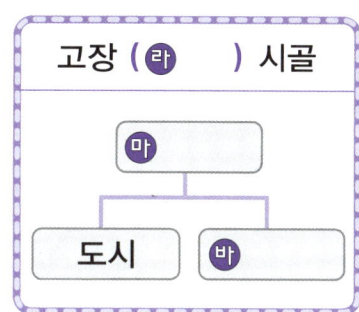

고장 (라) 시골

마

도시   바

고장은 사람이 많이 사는 지역을 뜻하는 말이야.

5 짝을 이루는 말 찾기

문제 개수 4 개

맞은 개수 ⬭ 개

틀린 개수 ⬭ 개

짝을 이루는 말을 찾아 동그라미 하고, 그 말의 뜻을 보기 에서 찾아 번호를 쓰세요.

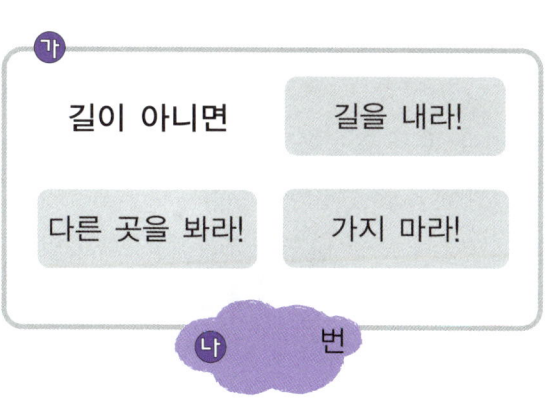

가

길이 아니면   길을 내라!

다른 곳을 봐라!   가지 마라!

나   번

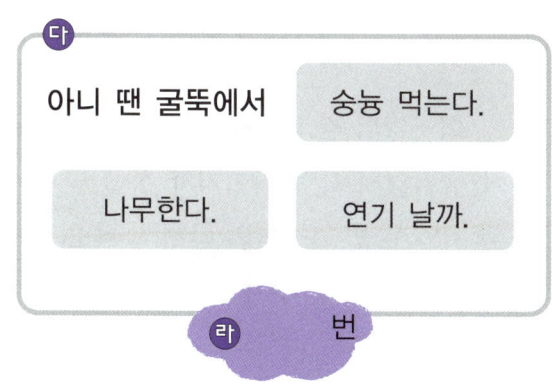

다

아니 땐 굴뚝에서   숭늉 먹는다.

나무한다.   연기 날까.

라   번

보기   ① 아무 이유 없이 일이 생기지는 않는다.
② 옳지 않은 일이면 처음부터 하지 말아라.

6 낱말 활용하기

문제 개수 **5** 개

맞은 개수 ⬭ 개

틀린 개수 ⬭ 개

다음 가 ~ 라 의 ( )에 알맞은 낱말을 보기 에서 찾아 번호를 쓰고, 마 의 질문에 답해 보세요.

가 내가 나서 자란 곳은 천안이야, 그러니까 천안이 내 (   )이지.

나 예전에는 집의 (   )을 만든 재료에 따라 초가집이나 기와집이라고 불렀어요.

다 사람이 다니도록 만든 길은 인도이고, 차가 다니도록 만든 길은 (   )라고 해요.

라 저쪽 큰길에서 오른쪽 (   )으로 들어가면 우리 할머니집이 나와.

마 '동네'를 넣어 짧은 글을 지어 보세요.

→ _____

보기 ① 고향   ② 차도   ③ 골목   ④ 동네   ⑤ 지붕   ⑥ 길가

총 문제 개수 (25) 개   총 맞은 개수 ( ) 개   총 틀린 개수 ( ) 개

생각하고 되새기는

글을 읽고 나서 오늘 공부를 신나게 시작하자고!

스스로 몸을 낮추는 사람

　의사였던 슈바이처 박사는 아프리카에서 의료 봉사 활동을 한 공로로 노벨평화상 수상자로 선정되었지요. 슈바이처가 상을 받기 위해 스웨덴으로 갔을 때 일입니다. 슈바이처가 온다는 소식에 많은 기자들이 그가 도착할 기차역으로 가서 모두 당연하다는 듯 1등석 앞에서 기다리고 있었지요. 하지만 1등석의 마지막 승객이 내릴 때까지 슈바이처의 모습은 보이지 않았습니다. 2등석에도 그는 없었지요. 그런데 저 멀리 3등석 끝에서 슈바이처가 걸어 나오는 것이었습니다. 깜짝 놀란 기자들은 슈바이처에게 물었습니다. "아니, 박사님께서 왜 1등석이 아닌 3등석을 타고 오십니까?" 그러자 슈바이처는 빙그레 웃으며 말했습니다. "이 기차에는 4등석이 없었기 때문입니다." 그 말에 기자들은 일제히 고개를 숙일 수밖에 없었습니다.

05회

머리 풀어주는 퍼즐

창의사고력 기초 다지기   계산능력   쓱~

사다리를 타고 내려가면서, 같은 모양끼리 계산이 이루어지도록 빈칸을 채워 보세요.

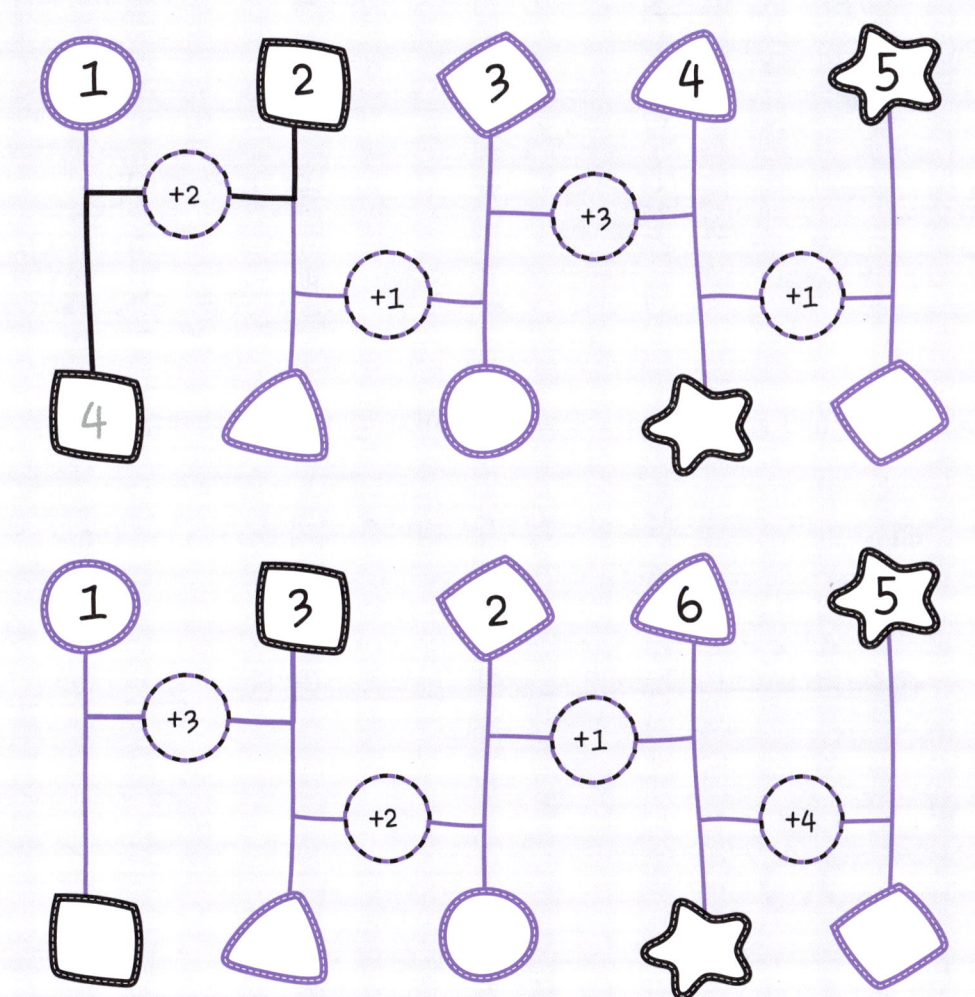

낱말이 쏙 생각이 쑥

1 가로세로 낱말 찾기

다음 네모에서 알고 있는 낱말을 찾아 동그라미를 해 보세요.

여기서 찾은 낱말로 2~6번 문제를 풀어요!

점	도	모	보	조	견
자	움	으	실	명	★
가	르	기	★	안	내
★	맹	안	경	★	용
★	인	★	불	편	지

내가 찾은 낱말 ⬤ 개

2 낱말 뜻 알기

다음 설명이나 그림이 뜻하는 낱말이 무엇인지 빈칸을 채워 보세요.

문제 개수 6 개

맞은 개수 ⬤ 개

틀린 개수 ⬤ 개

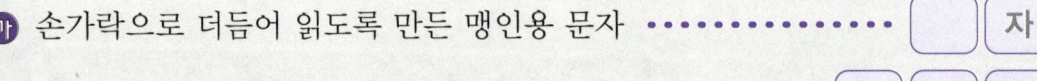

가 손가락으로 더듬어 읽도록 만든 맹인용 문자 .... ☐ 자

나 쪼개거나 나누어 따로따로 구별하기 .... ☐☐ 기

다 병이나 여러 가지 이유로 눈이 멀어 보지 못하는 사람 .... ☐ 인

라
☐ ☐

마
☐ ☐ 견

바
☐ 지

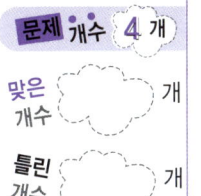

3 비슷한 말 반대말 알기

다음에서 비슷한 뜻끼리 짝지어진 것에는 '='로, 반대의 뜻끼리 짝지어진 것에는 '↔'로 나타내거나, 부호에 알맞게 낱말을 채워 보세요.

장님	=	(가)
모으기	(나)	나누기

도움	(다)	협조
불편	(라)	편리

4 큰 말 작은 말 알기

낱말의 포함 관계에 따라 '<', 또는 '>'로 나타내고, 그림의 위치에 알맞게 낱말을 넣어 보세요.

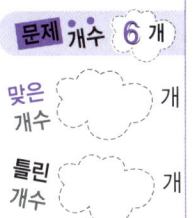
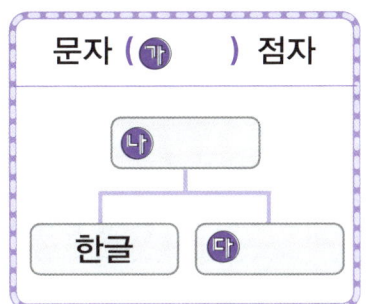

문자 (가) 점자

(나)

한글   (다)

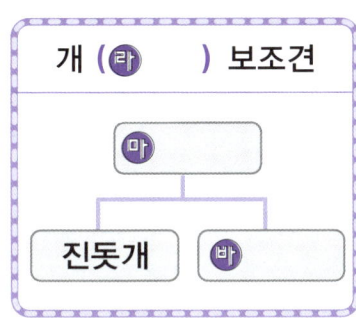

개 (라) 보조견

(마)

진돗개   (바)

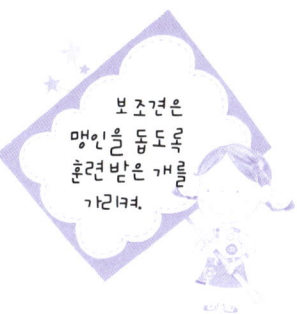

보조견은 맹인을 돕도록 훈련받은 개를 가리켜.

5 짝을 이루는 말 찾기

짝을 이루는 말을 찾아 동그라미 하고, 그 말의 뜻을 보기 에서 찾아 번호를 쓰세요.

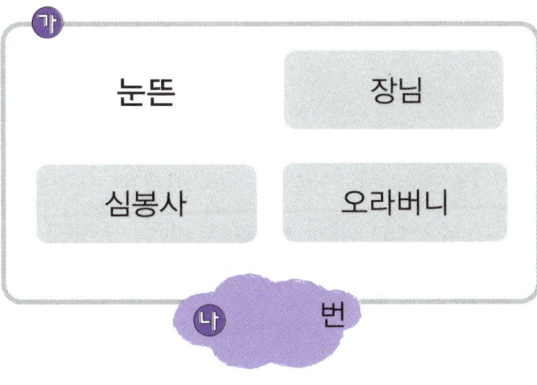

가

눈뜬   장님

심봉사   오라버니

(나) 번

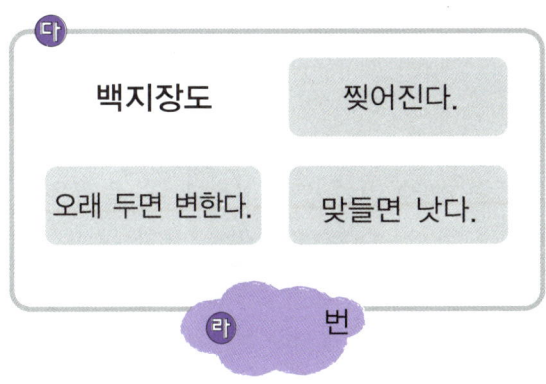

다

백지장도   찢어진다.

오래 두면 변한다.   맞들면 낫다.

(라) 번

보기

① 무엇을 보고도 제대로 알지 못함.
② 쉬운 일이라도 서로 협력하여 하면 훨씬 쉬움.

다음 ㉮~㉣ 의 ( )에 알맞은 낱말을 보기 에서 찾아 번호를 쓰고, ㉤ 의 질문에 답해 보세요.

㉮ 친구들과 공놀이를 하기 위해 두 팀으로 편 (   )를 했어요.

㉯ (   )는 맹인들이 손으로 더듬어 읽는 글자인데, 루이브라이라는 사람이 만들었대.

㉰ (   )은 맹인을 안내하는 눈과 같아서 극장이나 지하철에도 들어갈 수 있어요.

㉱ 방학 동안 볼 수 없는 친구들에게 (   )를 썼어요.

㉲ '백지장도 맞들면 낫다.' 는 어떤 경우에 쓰이는 말인지 써 보세요.

→ ....

보기 ① 점자   ② 보조견   ③ 가르기   ④ 실명   ⑤ 편지   ⑥ 도움

총 문제 개수 **25** 개 ┊ 총 맞은 개수 ◯ 개 ┊ 총 틀린 개수 ◯ 개

글을 읽고 나서 오늘 공부를 신나게 시작하자고!

마음에 힘이 되는 72

작은 고추가 맵다!

　　나폴레옹은 키가 매우 작았습니다. 언젠가 나폴레옹이 대군을 이끌고 알프스를 넘어 적군을 향해 진격을 하려는데, 나폴레옹보다 한참 큰 적군이 나폴레옹을 비웃으며 말했습니다.

　　"너는 나보다 덩치도 작고, 키도 작은 꼬맹이로구나! 네가 나를 어찌 이기려고 하느냐?"

　　그러자 나폴레옹이 내답했습니다.

　　"비록 땅에서부터는 네가 나보다 클지 모르겠지만 하늘에서부터 재면 내가 너보다 크다. 나는 너를 넘어서고자 하는 마음이 너보다 더 크니, 오늘 반드시 너를 이기고 말리라."

　　150센티미터가 조금 넘는 작은 키로 천하를 호령하고 스스로 왕위에 올랐던 나폴레옹. 이런 기개가 있었기에 그에게 작은 키는 아무런 장애가 되지 않았답니다.

머리 풀어주는 퍼즐

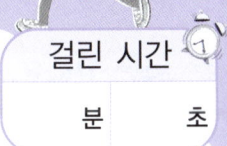

도전 시간	걸린 시간
00 분 20 초	분 초

창의사고력 기초 다지기   주의집중력   쑥~

보기와 같이, 곡선과 직선으로 이루어진 그림이 있습니다. 곡선과 직선이 만나는 점에 동그라미를 하고, 몇 개인지 개수를 세어 보세요.

보기

개

도전시간   걸린시간

7	분	30	초

	분		초

1 가로세로 낱말 찾기

다음 네모에서 알고 있는 낱말을 찾아 동그라미를 해 보세요.

여기서 찾은 낱말로 2~6번 문제를 풀어요!

구	조	★	교	과	서
★	성	움	★	색	★
용	격	직	특	종	사
구	★	임	기	이	물
작	품	취	미	★	함

내가 찾은 낱말 ⬭ 개

2 낱말 뜻 알기

다음 설명이나 그림이 뜻하는 낱말이 무엇인지 빈칸을 채워 보세요.

문제 개수 **6** 개

맞은 개수 ⬭ 개

틀린 개수 ⬭ 개

가 전체를 이루고 있는 부분의 모양 ·············· ⬜ 조

나 어떤 사람이 가지고 있는 고유한 성질 ·········· ⬜ 격

다 스스로 즐거워서 하는 일 ····················· ⬜ 미

라
⬜ ⬜ ⬜

마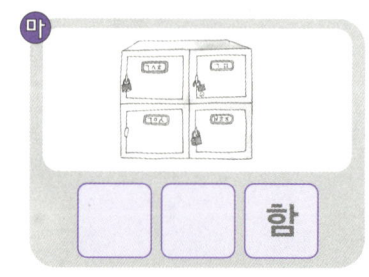
⬜ ⬜ 함

바
⬜ ⬜ 서

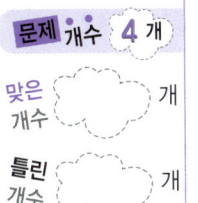

다음에서 비슷한 뜻끼리 짝지어진 것에는 '='로, 반대의 뜻끼리 짝지어진 것에는 '↔'로 나타내거나, 부호에 알맞게 낱말을 채워 보세요.

문제 개수 4 개

맞은 개수 ☁ 개

틀린 개수 ☁ 개

보관함	=	(가)함
색종이	(나)	백지

교과서	(다)	교본
구조	(라)	형태

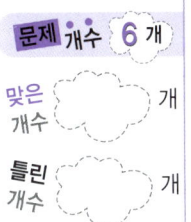

낱말의 포함 관계에 따라 '<', 또는 '>'로 나타내고, 그림의 위치에 알맞게 낱말을 넣어 보세요.

문제 개수 6 개

맞은 개수 ☁ 개

틀린 개수 ☁ 개

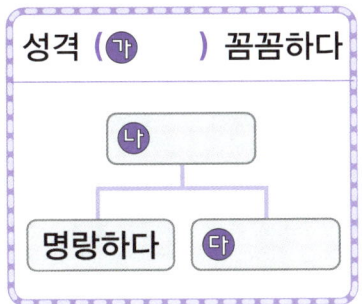

성격 (가) 꼼꼼하다
나
명랑하다   다

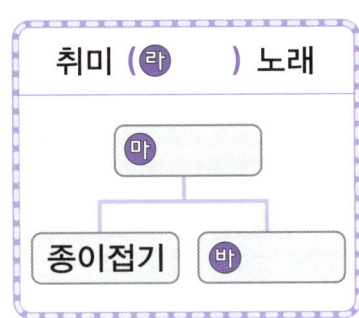

취미 (라) 노래
마
종이접기   바

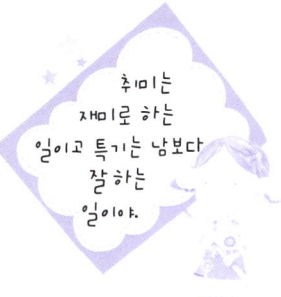

취미는 재미로 하는 일이고 특기는 남보다 잘 하는 일이야.

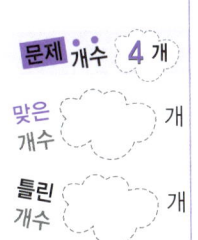

짝을 이루는 말을 찾아 동그라미 하고, 그 말의 뜻을 보기 에서 찾아 번호를 쓰세요.

문제 개수 4 개

맞은 개수 ☁ 개

틀린 개수 ☁ 개

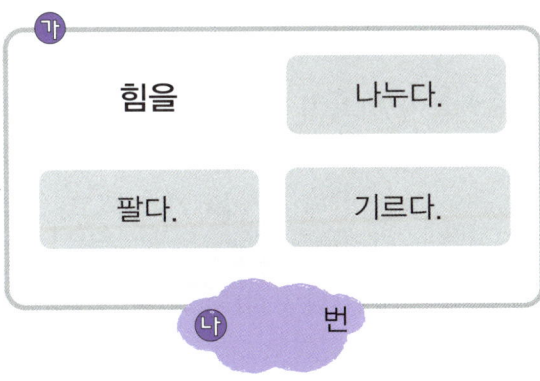

가
힘을   나누다.
팔다.   기르다.

나 번

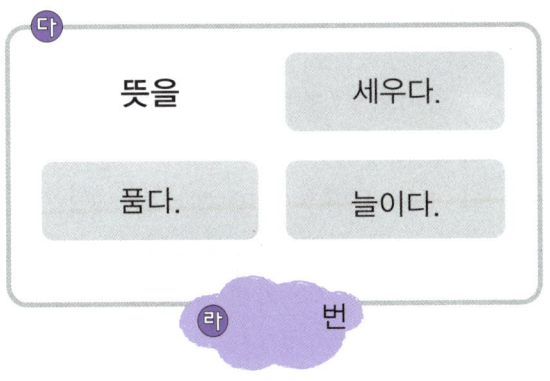

다
뜻을   세우다.
품다.   늘이다.

라 번

보기
① 장래의 목표를 마음에 품고 결심하다.
② 무엇에 대처하여 감당할 수 있는 능력을 키우다.

35

다음 ⑦~⑭ 의 ( )에 알맞은 낱말을 보기 에서 찾아 번호를 쓰고, ⑭ 의 질문에 답해 보세요.

> ⑦ 학교 갈 준비를 하며 가방에 ( )와 공책을 넣었다.
>
> ⑭ 내 짝은 ( )이 꼼꼼해서 학용품마다 이름을 꼭 적어 놓아요.
>
> ⑭ 우리 집은 아파트라서 마당 없이 바로 현관으로 들어오는 ( )로 되어 있어요.
>
> ⑭ 내 ( )는 독서이고, 내 특기는 피아노 연주예요.
>
> ⑭ '힘을 기르다.'를 넣어 짧은 글을 지어 보세요.
>
> ➡ --------------------------------------

보기 ① 구조 ② 성격 ③ 취미 ④ 특기 ⑤ 용구 ⑥ 교과서

총 문제 개수 ⬭25⬯ 개 │ 총 맞은 개수 ◯ 개 │ 총 틀린 개수 ◯ 개

마음에 힘이 되는 글

좋은 추억은 훌륭한 재산!

글을 읽고 나서 오늘 공부를 신나게 시작하자고!

여러분은 좋은 추억을 많이 가지고 있나요? 즐거웠던 기억, 조금 슬펐던 기억, 가족들과 가장 행복했던 순간, 그리고 지난 여름 휴가의 추억……. 어린 시절의 좋은 추억을 많이 가지고 있는 사람은 가장 행복한 사람이래요. 그 추억은 글이 되고, 이야기가 되고, 그림이 되고, 음악이 되어 앞날에 어떤 모습으로든 다시 나타나게 된다지요.

도스토예프스키의 〈카라마조프의 형제들〉숭에는 이런 말이 나와요. '미음 속에 아름다운 추억이 하나라도 남아 있는 사람은 악에 빠지지 않을 수 있다. 그리고 그런 추억들을 많이 가지고 인생을 살아간다면 그 사람은 삶이 끝나는 날까지 안전할 것이다.'

지금 여러분의 기억 속에 저장된 시간은 어떤 색깔인가요? 가장 곱고 예쁜 빛깔로 마음 속에 그려 두세요.

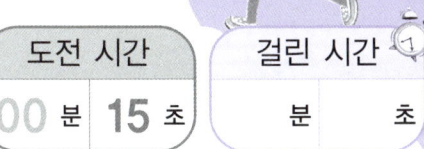

창의사고력 기초 다지기 연상추리력 쏙~

다음에서 거꾸로 쓴 '가'를 찾아 동그라미를 하세요.

보기

2 → ⑤

도전시간 8 분 30 초 걸린시간   분   초

1 가로세로 낱말 찾기

다음 네모에서 알고 있는 낱말을 찾아 동그라미를 해 보세요.

여기서 찾은 낱말로 2~6번 문제를 풀어요!

동	굴	★	메	바	목
★	꽃	잎	아	람	청
산	봉	우	리	개	껏
울	오	솔	길	비	★
림	리	살	랑	바	람

내가 찾은 낱말 　 개

2 낱말 뜻 알기

다음 설명이나 그림이 뜻하는 낱말이 무엇인지 빈칸을 채워 보세요.

문제 개수 6 개

맞은 개수 　 개

틀린 개수 　 개

㉮ 산이나 계곡에 자연적으로 생긴 깊고 넓은 큰 굴 ·········· ☐ 굴

㉯ 살랑살랑 부는 바람 ···························· ☐ ☐ 바 람

㉰ 있는 힘을 다하여 소리를 질러 ················· ☐ ☐ 껏

㉱  ☐ 봉 ☐

㉲  ☐ 봉 ☐

㉳ 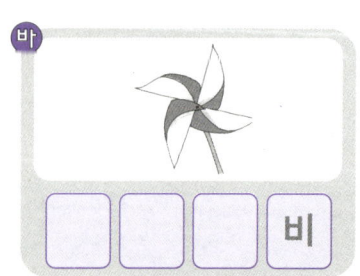 ☐ ☐ 비

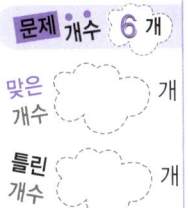

3 비슷한 말 반대말 알기

다음에서 비슷한 뜻끼리 짝지어진 것에는 '='로, 반대의 뜻끼리 짝지어진 것에는 '↔'로 나타내거나, 부호에 알맞게 낱말을 채워 보세요.

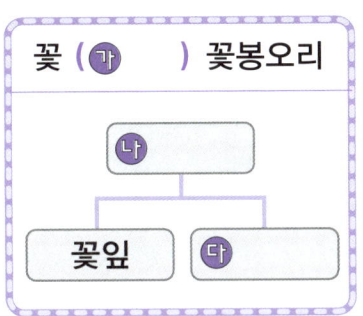

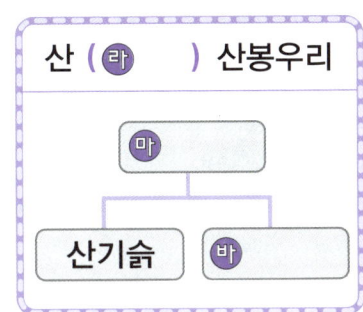

산울림	=	(가)
산봉우리	(나)	봉우리

목청껏	(다)	귓속말
꽃봉오리	(라)	꽃망울

4 큰말 작은 말 알기

낱말의 포함 관계에 따라 '<', 또는 '>'로 나타내고, 그림의 위치에 알맞게 낱말을 넣어 보세요.

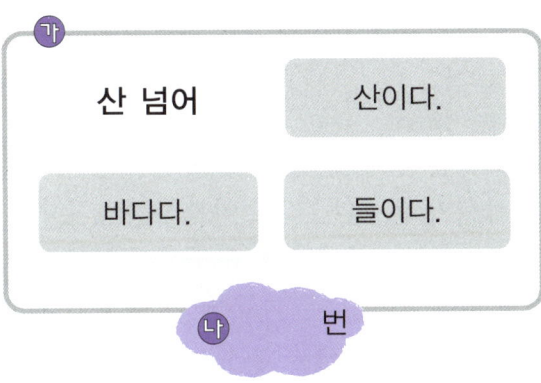

꽃 (가   ) 꽃봉오리

나 ⬜

꽃잎 — 다 ⬜

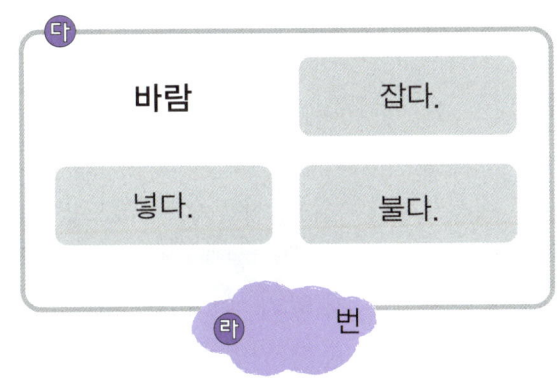

산 (라   ) 산봉우리

마 ⬜

산기슭 — 바 ⬜

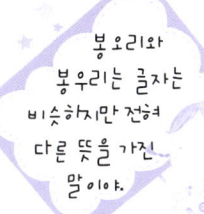

봉오리와 봉우리는 글자는 비슷하지만 전혀 다른 뜻을 가진 말이야.

5 짝을 이루는 말 찾기

짝을 이루는 말을 찾아 동그라미 하고, 그 말의 뜻을 보기 에서 찾아 번호를 쓰세요.

가

산 넘어   산이다.

바다다.   들이다.

나 ⬜ 번

다

바람   잡다.

넣다.   불다.

라 ⬜ 번

보기

① 남을 부추겨서 무슨 행동을 하려는 마음이 생기게 만들다.
② 고생이 갈수록 점점 더 심해지다.

다음 ㉮ ~ ㉱ 의 ( )에 알맞은 낱말을 보기에서 찾아 번호를 쓰고, ㉲ 의 질문에 답해 보세요.

㉮ 봄에는 화단의 꽃들이 ( )를 달고 있어요.

㉯ 옛날 원시인들은 집을 짓지 않고 ( )에서 살았대요.

㉰ 산에 가서 '야호' 하고 소리를 지르면 그 소리는 ( )가 되어 돌아와요.

㉱ 금강산에는 일만이천 개의 ( )가 있다고 해요.

㉲ '산 넘어 산이다.' 는 어떤 경우에 쓰이는 말인지 써 보세요.

→ _____

보기 ① 산봉우리 ② 꽃봉오리 ③ 동굴 ④ 목청껏 ⑤ 메아리 ⑥ 바람개비

총 문제 개수 (25) 개 ┊ 총 맞은 개수 ◯ 개 ┊ 총 틀린 개수 ◯ 개

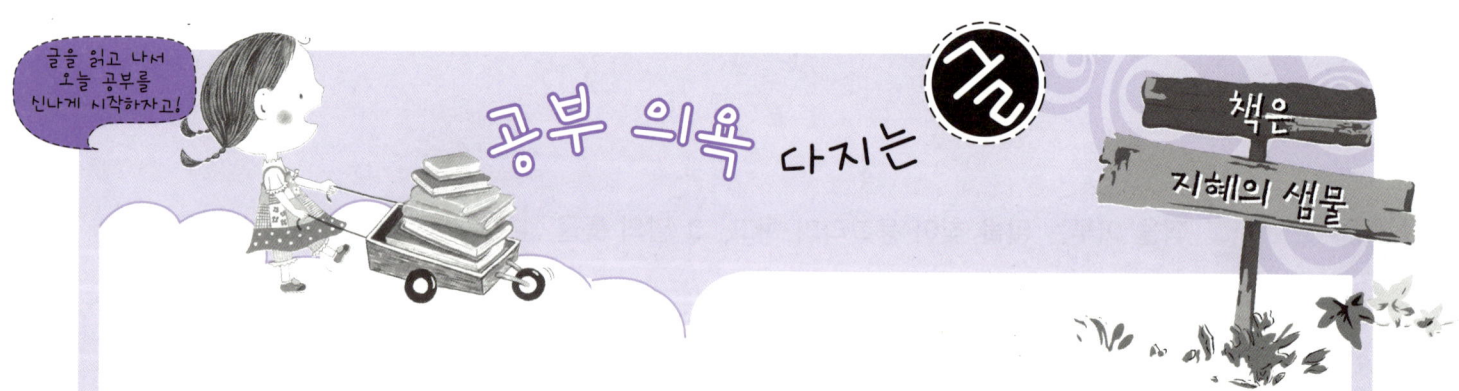

공부 의욕 다지는 글

책은 지혜의 샘물

글을 읽고 나서 오늘 공부를 신나게 시작하자고!

하얼빈 역에서 이토 히로부미를 죽인 죄로 여순 감옥에 갇혀 있던 안중근 의사는 감옥 안에서도 '하루라도 책을 읽지 않으면 입안에 가시가 돋는다.' 라고 말씀하셨습니다.

한글을 만드신 세종대왕은 밤새도록 글을 읽느라 눈병이 나기도 하셨어요. 눈이 아파도 책 읽기를 그치지 않자, 어의가 세종대왕의 방에 있는 책을 모두 치우게 할 정도였다고 해요.

이렇듯 훌륭한 위인들의 좋은 습관 중 하나는 손에서 책을 놓지 않았다는 것입니다. 책은 앞서 지나간 사람들의 발자취이자 지혜의 샘물입니다. 여러분도 책 속에서 솟아나는 지혜의 샘물을 마셔보고 싶지 않은가요?

머리 풀어주는 퍼즐

도전 시간	걸린 시간
00 분 15 초	분 초

창의사고력 기초 다지기 판단능력 쏙~

✔ 표시된 동그라미부터 화살표가 가리키는 순서대로 따라가다가 마지막에 도착하는 도형에 동그라미 하세요.

순서

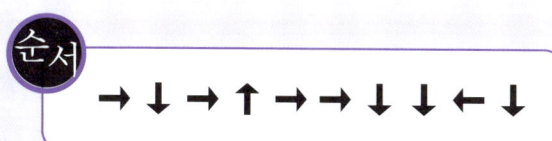

→ ↓ → ↑ → → ↓ ↓ ← ↓

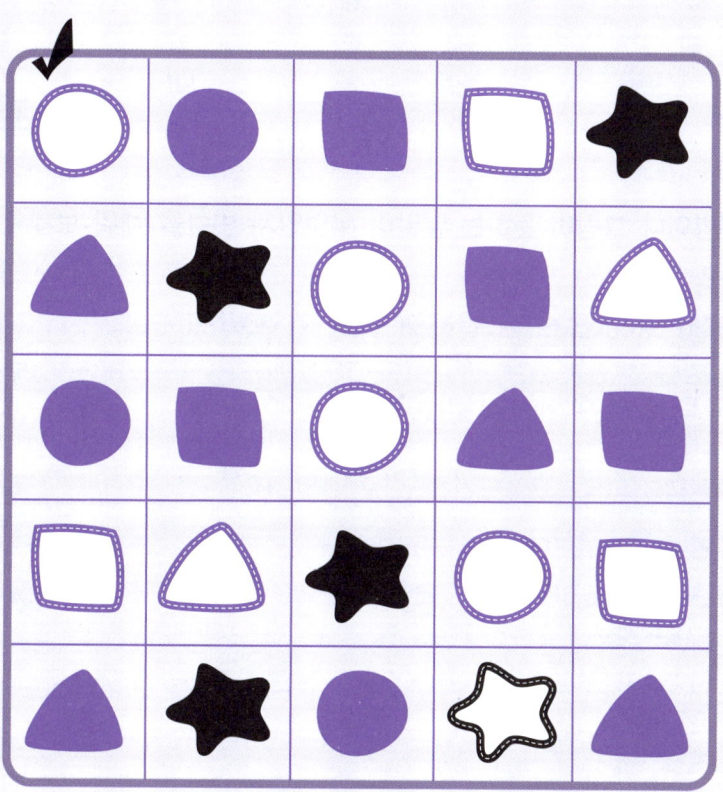

도전시간
| 7 분 | 50 초 |

걸린시간
| 분 | 초 |

1 가로세로 낱말 찾기

다음 네모에서 알고 있는 낱말을 찾아 동그라미를 해 보세요.

여기서 찾은 낱말로 2~6번 문제를 풀어요!

냄	새	빼	눈	소	리
더	하	기	치	★	입
★	뺄	★	느	낌	술
덧	셈	모	귓	볼	얼
혀	★	습	향	기	굴

내가 찾은 낱말 　　　개

2 낱말 뜻 알기

다음 설명이나 그림이 뜻하는 낱말이 무엇인지 빈칸을 채워 보세요.

문제 개수 **6** 개

맞은 개수 　　개

틀린 개수 　　개

㉮ 어떤 것에 다른 것을 합쳐 함께 모으는 것 ·········· 　　　 기

㉯ 코로 느껴지는 온갖 기운 ··························· 　　 새

㉰ 몸이나 마음으로 느끼는 기운이나 감정 ·········· 　　 낌

㉱

㉲

㉳  　굴

42

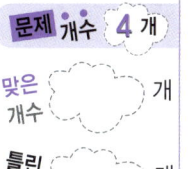
다음에서 비슷한 뜻끼리 짝지어진 것에는 '='로, 반대의 뜻끼리 짝지어진 것에는 '↔'로 나타내거나, 부호에 알맞게 낱말을 채워 보세요.

문제 개수 4 개
맞은 개수 ___ 개
틀린 개수 ___ 개

더하기	=	(가)
빼기	(나)	뺄셈

느낌	(다)	기분
향기	(라)	악취

낱말의 포함 관계에 따라 '<', 또는 '>'로 나타내고, 그림의 위치에 알맞게 낱말을 넣어 보세요.

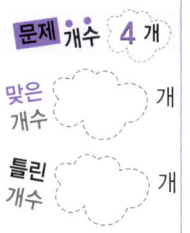
문제 개수 6 개
맞은 개수 ___ 개
틀린 개수 ___ 개

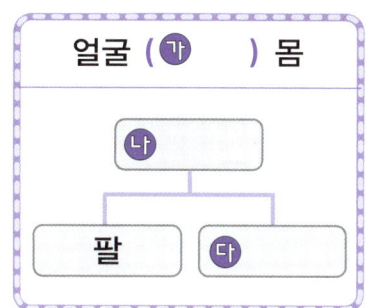

얼굴 (가) 몸

나

팔   다

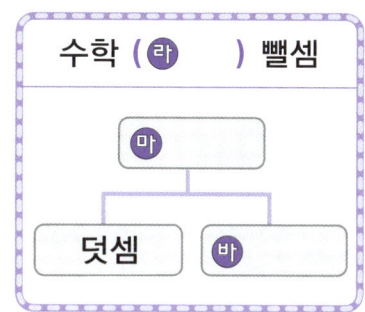

수학 (라) 뺄셈

마

덧셈   바

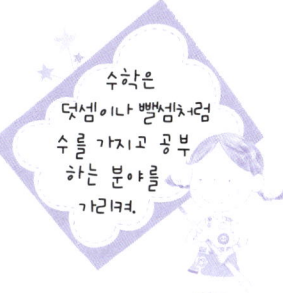

수학은 덧셈이나 뺄셈처럼 수를 가지고 공부하는 분야를 가리켜.

짝을 이루는 말을 찾아 동그라미 하고, 그 말의 뜻을 보기에서 찾아 번호를 쓰세요.

문제 개수 4 개
맞은 개수 ___ 개
틀린 개수 ___ 개

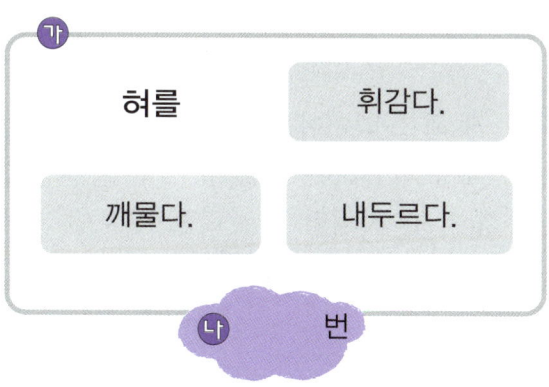

가

혀를   휘감다.

깨물다.   내두르다.

나 ___ 번

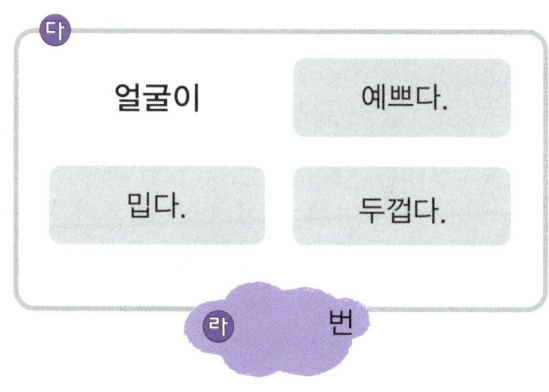

다

얼굴이   예쁘다.

밉다.   두껍다.

라 ___ 번

보기
① 몹시 놀라거나 어이없어서 말을 못하다.
② 부끄러움을 모르고 염치가 없다.

43

6 낱말 활용하기

다음 **가~라** 의 ( )에 알맞은 낱말을 **보기** 에서 찾아 번호를 쓰고, **마** 의 질문에 답해 보세요.

가 나는 부엌에서 나는 (   )만 맡아도 오늘 엄마가 어떤 요리를 하시는지 알아요.

나 1+2=3, 이렇게 계산하는 것을 (   )이라고 해요.

다 엄마는 웃는 내 (   )이 제일 귀엽대요.

라 밤에 혼자 집을 보면 째깍거리는 시계 소리에도 무서운 (   )이 들어요.

마 '뺄셈' 을 넣어 짧은 글을 지어 보세요.

　→ _____

보기　① 덧셈　② 뺄셈　③ 소리　④ 모습　⑤ 냄새　⑥ 느낌

총 문제 개수 ◯25◯ 개 │ 총 맞은 개수 ◯ 개 │ 총 틀린 개수 ◯ 개

글을 읽고 나서 오늘 공부를 신나게 시작하자고!

생각하고 되새기는 ⁊ㄴ

배움을 권하는 글

　여러분은 책읽기를 좋아하나요? 그렇다면 왜 책을 읽어야 한다고 생각하나요? 중국 송나라 시대의 학자 왕안석은 권학문(勸學文), 즉 배움을 권하는 글을 통해 책을 읽는 이유를 다음과 같이 말하고 있어요. 배움의 길은 끝이 없지요. 하지만 배우고 또 배우면, 현명하고 귀한 사람이 될 것임은 분명하답니다.

가난한 사람이 책을 읽으면 부자가 되고
부유한 사람이 책을 읽으면 귀하게 되며,　　貧者因書富(빈자인서부)　富者因書貴(부자인서귀)
어리석은 사람이 책을 읽으면 현명하게 되고　　愚者得書賢(우자득서현)　賢者因書利(현자인서리)
똑똑한 사람이 책을 읽으면 이롭게 된다.

머리 풀어주는

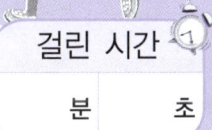

도전 시간	걸린 시간
1 분 00 초	분 초

창의사고력 기초 다지기 정보처리능력 쑥~

가로 또는 세로로 있는 숫자 세 개의 합이 10인 숫자들의 묶음을 모두 찾아 동그라미 하세요.

보기

3+2+5=10 ⇨ 3 2 5

3	2	5	8	1	3
6	9	1	2	5	1
2	4	7	0	3	3
9	4	3	5	6	0
6	2	2	1	8	0
3	5	1	6	4	1

낱말이 쏙 생각이 쑥

1 가로세로 낱말 찾기

여기서 찾은 낱말로 2~6번 문제를 풀어요!

다음 네모에서 알고 있는 낱말을 찾아 동그라미를 해 보세요.

횡	교	통	경	찰	녹
단	안	전	점	★	색
보	★	★	멸	지	어
도	신	호	등	시	머
표	지	판	주	의	니

내가 찾은 낱말 ⬚ 개

2 낱말 뜻 알기

문제 개수 6 개

맞은 개수 ⬚ 개

틀린 개수 ⬚ 개

다음 설명이나 그림이 뜻하는 낱말이 무엇인지 빈칸을 채워 보세요.

가 위험이 생기거나 사고가 날 염려가 없는 상태 ············ ⬚ 전

나 마음에 새겨 두고 조심하도록 일깨워 주는 것 ············ ⬚ 의

다 자동차나 신호등에서 불이 켜졌다 꺼졌다 하는 전등 ······ ⬚ 멸

라  ⬚ ⬚ 등

마  ⬚ ⬚ 판

바  ⬚ ⬚ 보 도

46

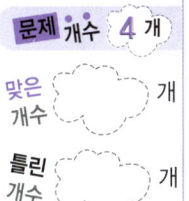

3 비슷한 말 반대말 알기

다음에서 비슷한 뜻끼리 짝지어진 것에는 '='로, 반대의 뜻끼리 짝지어진 것에는 '↔'로 나타내거나, 부호에 알맞게 낱말을 채워 보세요.

조심	=	(가　　　)
안전	(나　)	위험

횡단보도	(다　)	차도
표지판	(라　)	표시

4 큰말 작은말 알기

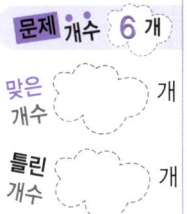

낱말의 포함 관계에 따라 '<', 또는 '>'로 나타내고, 그림의 위치에 알맞게 낱말을 넣어 보세요.

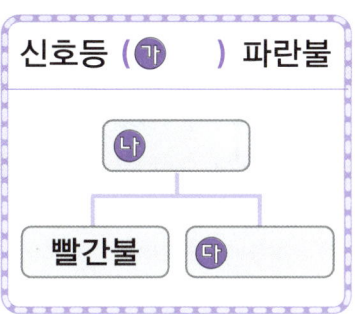

신호등 (가　) 파란불

나
빨간불	다

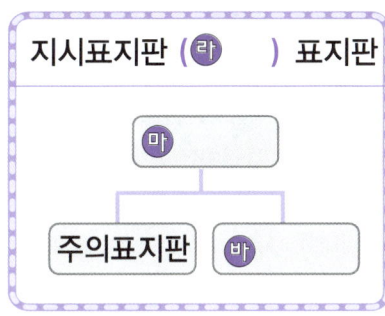

지시표지판 (라　) 표지판

마
주의표지판	바

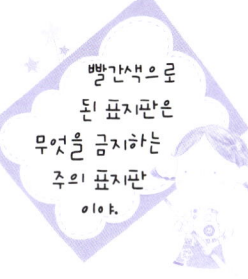

빨간색으로 된 표지판은 무엇을 금지하는 주의 표지판 이야.

5 짝을 이루는 말 찾기

짝을 이루는 말을 찾아 동그라미 하고, 그 말의 뜻을 보기 에서 찾아 번호를 쓰세요.

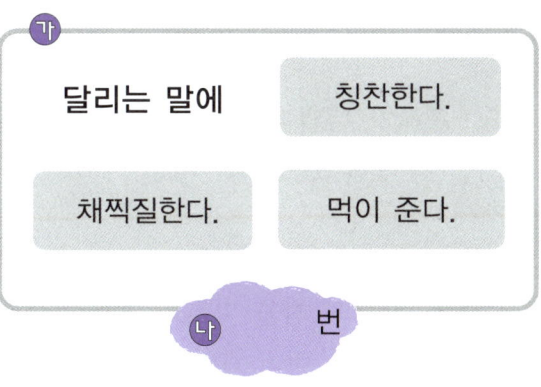

가

달리는 말에　　칭찬한다.

채찍질한다.　　먹이 준다.

나　번

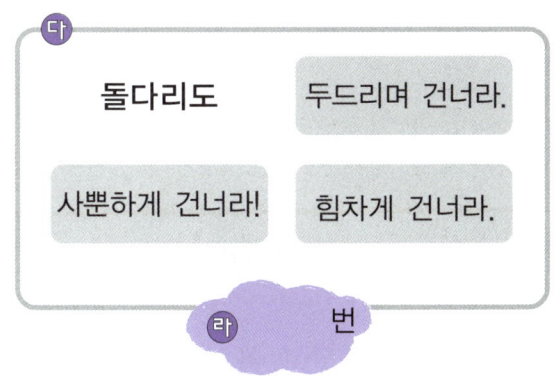

다

돌다리도　　두드리며 건너라.

사뿐하게 건너라!　　힘차게 건너라.

라　번

보기 　① 잘 아는 일이라도 세심하게 주의를 하라.
　② 한창 잘 하고 있을 때 힘을 더한다.

다음 ㉮~㉣ 의 ( )에 알맞은 낱말을 보기에서 찾아 번호를 쓰고, ㉤ 의 질문에 답해 보세요.

㉮ 아침에 학교에 가다보면 횡단보도에서 (   )들이 교통정리를 해 주세요.

㉯ 길을 건널 때에는 꼭 (   )로 건너야 해요.

㉰ 빨간 색깔로 된 (   )은 하지 말라는 뜻이니까 조심해야 해요.

㉱ 길을 건널 때 손을 들면 우리가 더 잘 보이기 때문에 (   )하지요.

㉲ '돌다리도 두드리며 건너라.'는 어떤 경우에 쓰이는 말인지 써 보세요.

→ _____

보기 ① 표지판 ② 신호등 ③ 횡단보도 ④ 녹색어머니 ⑤ 안전 ⑥ 점멸등

총 문제 개수 25 개 | 총 맞은 개수 ◯ 개 | 총 틀린 개수 ◯ 개

공부 습관 다지는

글을 읽고 나서 오늘 공부를 신나게 시작하자고!

책을 대하는 올바른 자세

잠시 여러분의 책을 앞뒤로 들추어 보세요. 표지가 너덜너덜하게 찢겨지지는 않았나요? 책의 빈 곳에 낙서를 하거나 밑줄을 너무 많이 긋지는 않았는지요? 책을 아끼고 사랑하는 마음은 책에 대한 예의이자 책을 대하는 기본 자세지요.

조선 시대의 실학자 박지원 선생님은 '책을 대해서는 하품을 하지 말고, 기지개를 켜지도 말며 졸지도 말아야 한다. 기침이 날 때에는 머리를 돌려 책을 피하고, 책장을 뒤집되 침을 묻혀서 하지 말고, 표지를 할 때 손톱으로 해서는 안 된다.'라고 말씀하셨어요.

배움의 자세는 책을 대하는 태도에서도 드러나기 마련입니다. 책을 함부로 대하는 사람은 책 속의 내용을 온전히 받아들이기 어렵겠지요? 찢어진 책은 테이프로 예쁘게 붙여 주세요. 책이 훨씬 더 빛나 보일 것입니다.

머리 풀어주는 퍼즐

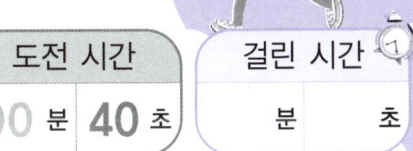

창의사고력 기초 다지기   계산능력   쓱~

사다리를 타고 내려가면서, 같은 모양끼리 계산이 이루어지도록 빈칸을 채워 보세요.

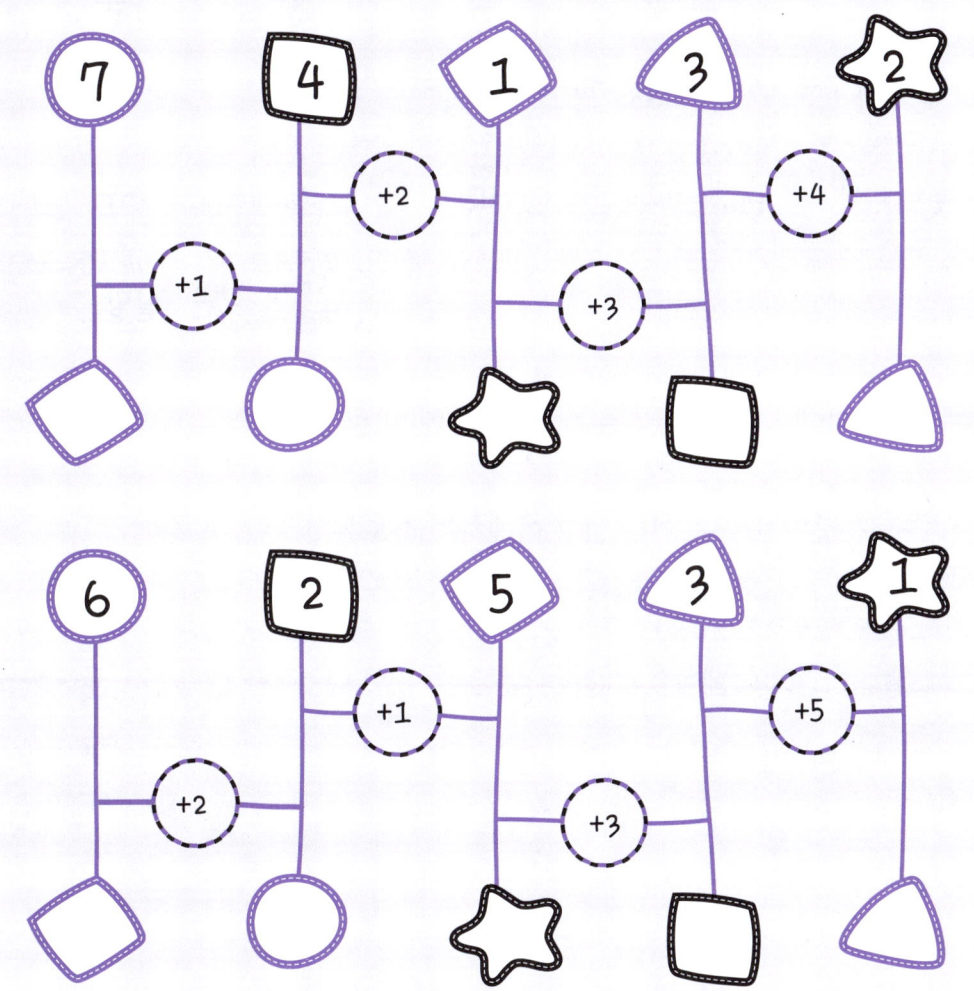

낱말이 쏙 생각이 쑥

1 가로세로 낱말 찾기

다음 네모에서 알고 있는 낱말을 찾아 동그라미를 해 보세요.

여기서 찾은 낱말로 2~6번 문제를 풀어요!

뻐	꾸	기	시	계	느
괘	글	자	냇	★	낌
종	생	각	물	음	표
시	의	까	닭	온	점
계	견	문	장	부	호

내가 찾은 낱말 　　 개

2 낱말 뜻 알기

다음 설명이나 그림이 뜻하는 낱말이 무엇인지 빈칸을 채워 보세요.

문제 개수 6 개

맞은 개수 　 개

틀린 개수 　 개

가 문장의 뜻을 돕거나 읽고 이해하기 쉽도록 쓰는 부호 ‥ ☐ ☐ 부 호

나 일이 생기게 된 원인이나 조건 ‥‥‥‥‥‥‥‥ ☐ 닭

다 어떤 것에 대하여 가지는 생각 ‥‥‥‥‥‥‥‥ ☐ 견

라

☐ ☐ 표

마
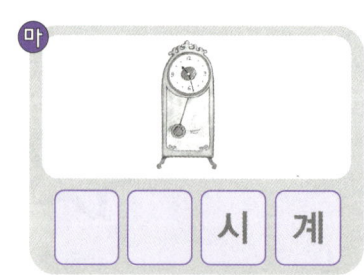
☐ 시 계

바
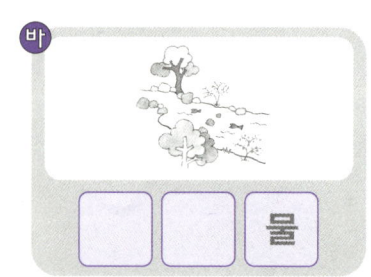
☐ ☐ 물

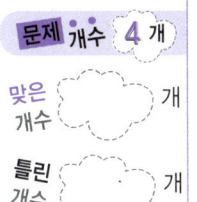

3 비슷한 말 반대말 알기

다음에서 비슷한 뜻끼리 짝지어진 것에는 '='로, 반대의 뜻끼리 짝지어진 것에는 '↔'로 나타내거나, 부호에 알맞게 낱말을 채워 보세요.

마침표	=	(가)
느낌표	(나)	물음표

까닭	(다)	이유
글자	(라)	그림

4 큰 말 작은 말 알기

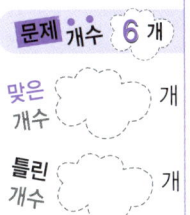

낱말의 포함 관계에 따라 '<', 또는 '>'로 나타내고, 그림의 위치에 알맞게 낱말을 넣어 보세요.

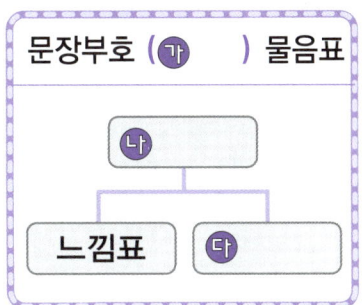

문장부호 (가) 물음표

나

느낌표 | 다

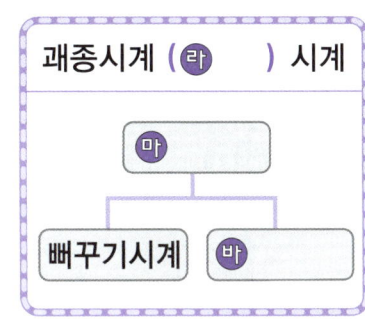

괘종시계 (라) 시계

마

뻐꾸기시계 | 바

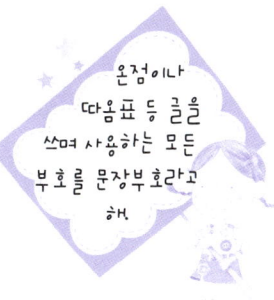

온점이나 따옴표 등 글을 쓰며 사용하는 모든 부호를 문장부호라고 해.

5 짝을 이루는 말 찾기

짝을 이루는 말을 찾아 동그라미 하고, 그 말의 뜻을 보기 에서 찾아 번호를 쓰세요.

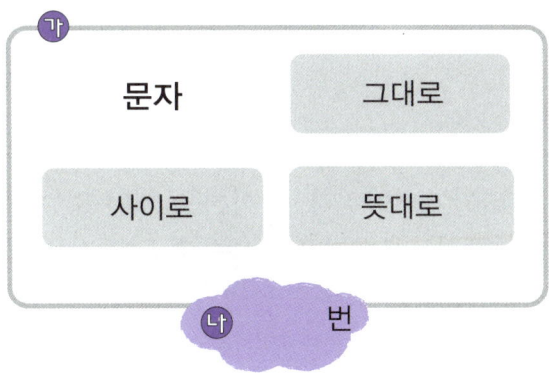

가

문자 | 그대로

사이로 | 뜻대로

나 번

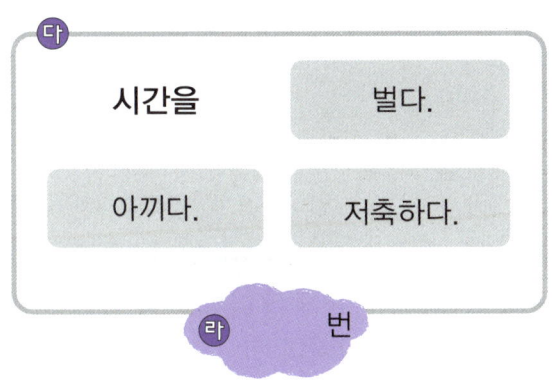

다

시간을 | 벌다.

아끼다. | 저축하다.

라 번

보기
① 조금도 과장 없이 사실 그대로
② 시간적인 여유를 더 얻음.

6 낱말 활용하기

다음 ㉮~㉱의 ( )에 알맞은 낱말을 보기에서 찾아 번호를 쓰고, ㉲의 질문에 답해 보세요.

문제 개수 **5** 개

맞은 개수 ◯ 개

틀린 개수 ◯ 개

㉮ 의견을 말할 때는 그렇게 생각한 ( )을 함께 말해 주세요.

㉯ ( )은 졸졸졸졸 고기들은 왔다갔다

㉰ 글에서 문장의 맨 끝에는 ( )을 찍어야 해요.

㉱ 함께 이야기할 때에는 자신만이 옳다는 ( )을 버려야 해요.

㉲ '의견'을 넣어 짧은 글을 지어 보세요.

→ _____

보기 ① 온점   ② 느낌표   ③ 시냇물   ④ 까닭   ⑤ 의견   ⑥ 생각

총 문제 개수 **25** 개 | 총 맞은 개수 ◯ 개 | 총 틀린 개수 ◯ 개

공부 습관 다지는 72

글을 읽고 나서 오늘 공부를 신나게 시작하자고!

책도 음식처럼 골고루!

　자기 입맛에 맞는 음식만 골라 먹는 친구는 정작 몸에 좋은 영양소를 골고루 섭취할 수 없어서 건강을 해칠 수가 있지요. 책도 음식과 마찬가지랍니다. 좋아하는 책만 읽는 친구는 '독서 편식'에 빠질 수가 있어요. 재미있는 만화책만 읽는 친구는 내용의 깊이가 모자랄 수 있고, 과학 관찰에 흥미가 많아 그것만 읽는 친구는 다른 부분을 놓치기 쉽지요.

　책도 음식처럼 골고루 읽어야 여러분이 자라는 데 훌륭한 밑거름이 된답니다. 이야기, 사연 관찰, 그림책, 만화, 역사서 등 다양한 내용이 담긴 책을 스스로 골라 읽어 보세요. 어떤 이야기에도 자신 있게 어울릴 수 있을 거예요.

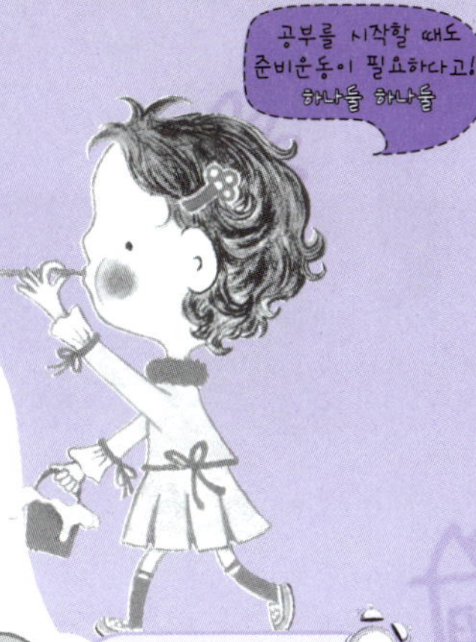

머리 풀어주는 퍼즐

도전 시간	걸린 시간
00 분 15 초	분 초

창의사고력 기초 다지기   주의집중력 쑥~

다음 ❶~❹ 중에서 나머지와 다른 그림 하나를 찾아보세요.

문제1

❶   ❷   ❸   ❹

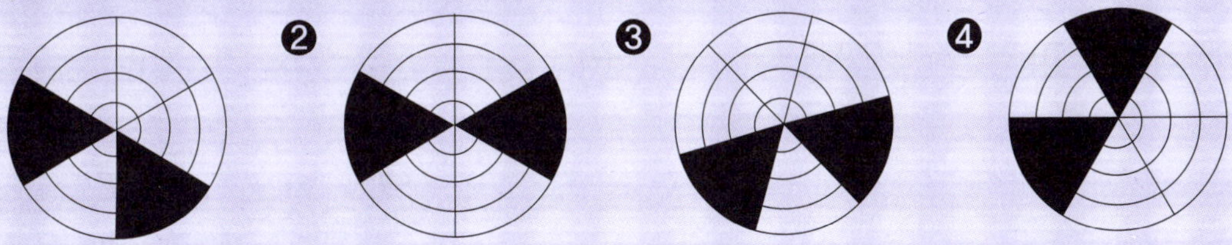

번

문제2

❶   ❷   ❸   ❹

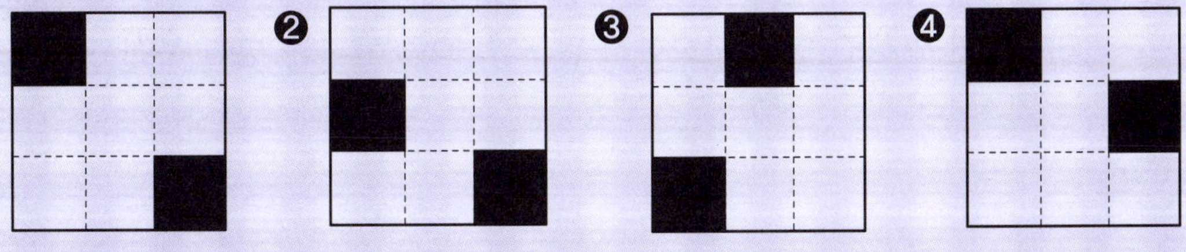

번

날말이 쏙 생각이 쑥

1 가로세로 날말 찾기

다음 네모에서 알고 있는 낱말을 찾아 동그라미를 해 보세요.

> 여기서 찾은 낱말로 2~6번 문제를 풀어요!

한	방	내	★	한	정
소	아	과	의	의	형
치	과	주	사	원	외
안	이	비	인	후	과
과	병	원	붕	대	★

내가 찾은 낱말 　 　 개

2 날말 뜻 알기

다음 설명이나 그림이 뜻하는 낱말이 무엇인지 빈칸을 채워 보세요.

문제 개수 6 개

맞은 개수 　 개

틀린 개수 　 개

> ㉮ 근육이나 뼈 등 움직이는 부분의
> 장애를 고치는 외과 병원 · · · · · · · · · · · · · · · ☐ ☐ 외 과
>
> ㉯ 중국에서 우리나라에 전해진 의술로, 침이나 한약으로 치료 · · · ☐ 방
>
> ㉰ 몸 안에 생긴 병을 수술하지 않고 약으로 고치는 병원 부서 · · · · ☐ 과

㉱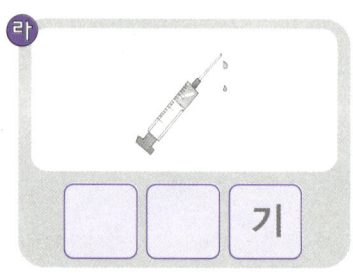
☐ ☐ 기

㉲
☐ 사

㉳
☐ 대

54

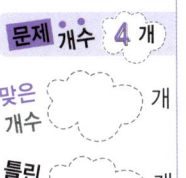

③ 비슷한 말 반대말 알기

다음에서 비슷한 뜻끼리 짝지어진 것에는 '='로, 반대의 뜻끼리 짝지어진 것에는 '↔'로 나타내거나, 부호에 알맞게 낱말을 채워 보세요.

문제 개수 **4** 개

맞은 개수 ⬜ 개

틀린 개수 ⬜ 개

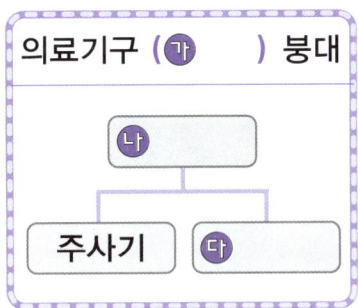

의원	=	(가)
내과	(나)	외과

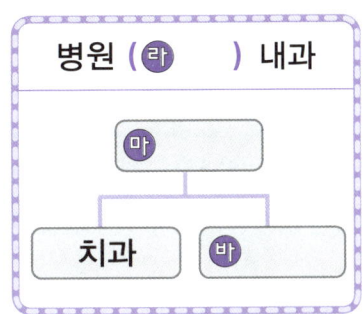

의사	(다)	환자
한의원	(라)	한방병원

④ 큰 말 작은 말 알기

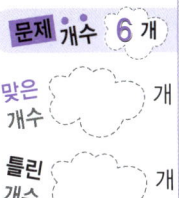

낱말의 포함 관계에 따라 '<', 또는 '>'로 나타내고, 그림의 위치에 알맞게 낱말을 넣어 보세요.

문제 개수 **6** 개

맞은 개수 ⬜ 개

틀린 개수 ⬜ 개

의료기구 (가) 붕대

```
        [ 나 ]
          |
   주사기 | [ 다 ]
```

병원 (라) 내과

```
        [ 마 ]
          |
   치과 | [ 바 ]
```

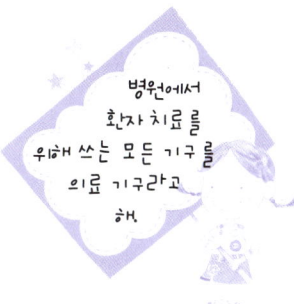
병원에서 환자 치료를 위해 쓰는 모든 기구를 의료 기구라고 해.

⑤ 짝을 이루는 말 찾기

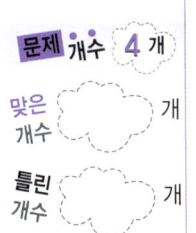

짝을 이루는 말을 찾아 동그라미 하고, 그 말의 뜻을 보기 에서 찾아 번호를 쓰세요.

문제 개수 **4** 개

맞은 개수 ⬜ 개

틀린 개수 ⬜ 개

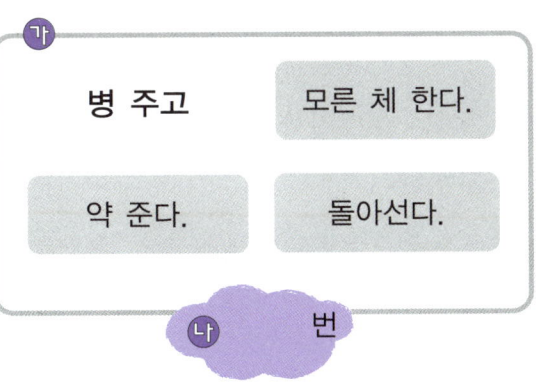

가

병 주고 / 모른 체 한다. / 약 준다. / 돌아선다.

나 ⬜ 번

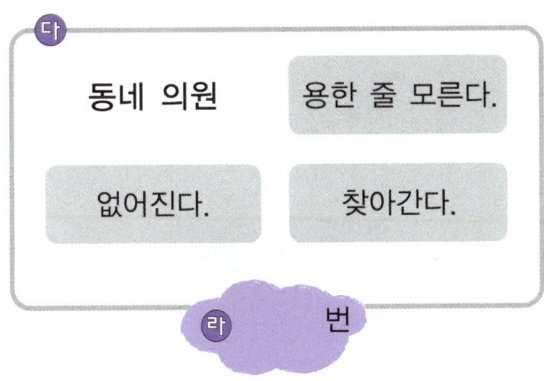

다

동네 의원 / 용한 줄 모른다. / 없어진다. / 찾아간다.

라 ⬜ 번

보기
① 가까운 곳에 잘하는 것이 있음을 알지 못한다.
② 남을 해치고 나서 구해 주는 척 한다.

6 낱말 활용하기

다음 ㉮ ~ ㉣ 의 ( )에 알맞은 낱말을 보기 에서 찾아 번호를 쓰고, ㉤ 의 질문에 답해 보세요.

문제 개수 **5** 개

맞은 개수 ◯ 개

틀린 개수 ◯ 개

㉮ 코가 막히고 목이 아파서 ( )에 갔어요.

㉯ 아빠가 발을 삐었어요. 엄마는 ( )에 가서 침을 맞자고 해요.

㉰ 할아버지께서는 ( )에 가서 틀니를 맞추셨어요.

㉱ 칼에 손을 베자 엄마는 약을 바르고 ( )를 감아 주셨어요.

㉲ '병 주고 약 준다.'는 어떤 경우에 쓰이는 말인지 써 보세요.

→ ＿＿＿＿＿＿＿＿＿＿＿＿＿＿＿＿＿＿＿＿＿

보기 ① 이비인후과 ② 안과 ③ 치과 ④ 한의원 ⑤ 붕대 ⑥ 주사

총 문제 개수 **25** 개 │ 총 맞은 개수 ◯ 개 │ 총 틀린 개수 ◯ 개

글을 읽고 나서 오늘 공부를 신나게 시작하자고!

공부 습관 다지는

공부 잘하는 아이의 수업 습관

공부 잘하는 친구와 그렇지 않은 친구의 차이는 무엇일까요? 바로 습관의 차이로, 공부를 잘하는 친구의 비결은 다음의 세 가지였다고 합니다.

1. 숙제를 꼬박꼬박 한다.　⇨　우등생 73.8%, 열등생 45.3%
2. 수업 시간에 열중한다.　⇨　우등생 70.2%, 열등생 32.3%
3. 질문을 많이 한다.　⇨　우등생 53.7%, 열등생 10.0%

결국 수업 시간에 열심히 선생님의 말씀을 잘 듣는 친구가 우등생이 된다는 말입니다. 질문을 많이 한다는 것은 관심이 있다는 말과 같고, 많이 알고 싶은 학생은 질문거리가 많지요. 무엇보다 중요한 것은 숙제를 꼬박꼬박 잘하는 것입니다. 숙제는 배운 것의 복습이자 다음 수업의 준비이기도 해요. 그러니 공부를 잘하기 위해서 숙제는 꼭 해야겠지요?

56

12회

머리 풀어주는 퍼즐

도전 시간	걸린 시간
00 분 25 초	분 초

창의사고력 기초 다지기　연상추리력　쑥~

다음 도형들의 순서를 잘 살펴 보고 다음 순서에 올 도형을 그려 보세요.

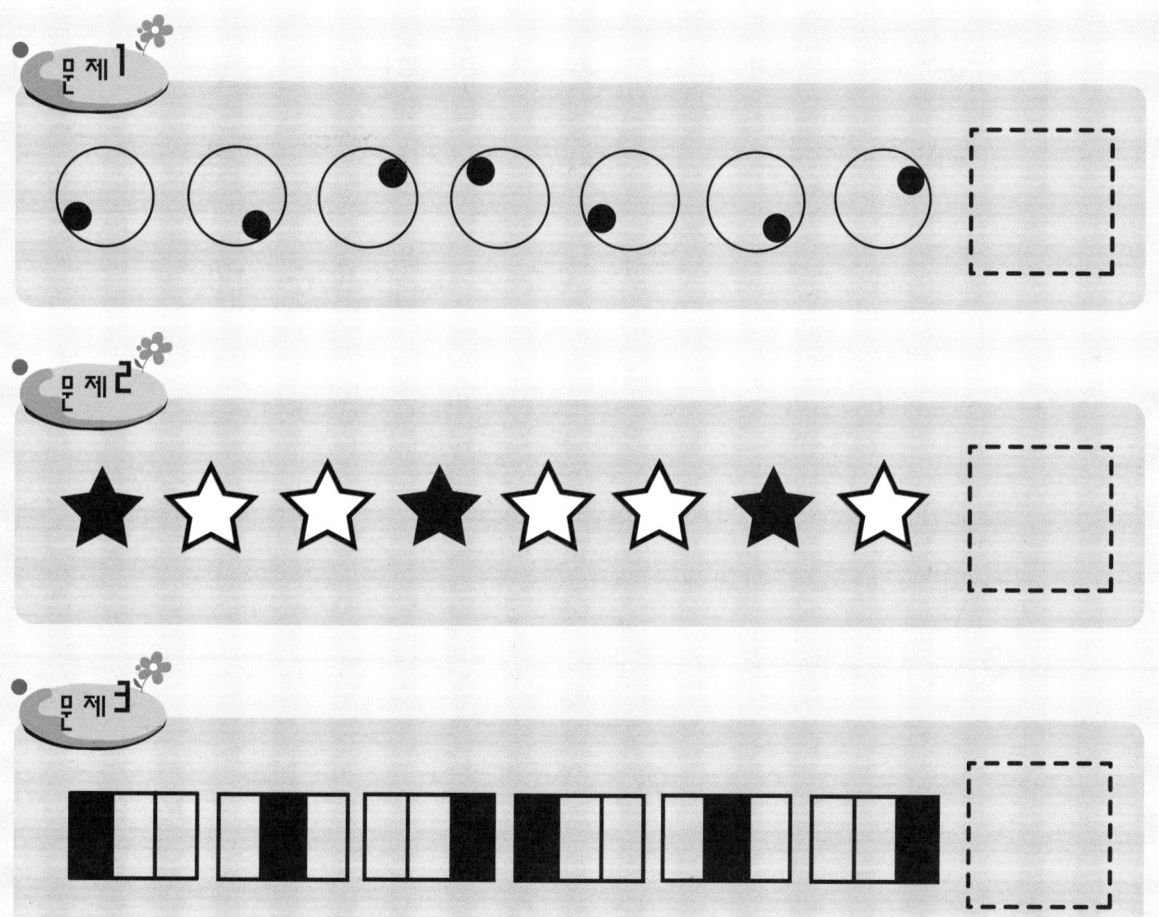

도전시간
| 7 분 | 30 초 |

걸린시간
| 분 | 초 |

1 가로세로 낱말 찾기

다음 네모에서 알고 있는 낱말을 찾아 동그라미를 해 보세요.

여기서 찾은 낱말로 2~6번 문제를 풀어요!

조	회	소	꿉	놀	이
★	하	자	신	감	가
상	급	생	자	랑	장
★	생	★	단	반	자
자	습	장	점	죽	리

내가 찾은 낱말 ⬜ 개

2 낱말 뜻 알기

다음 설명이나 그림이 뜻하는 낱말이 무엇인지 빈칸을 채워 보세요.

문제 개수 **6** 개

맞은 개수 ⬜ 개

틀린 개수 ⬜ 개

㉮ 둘레나 끝에 해당되는 부분 ······ ⬜ 장 리

㉯ 자기보다 높은 학년에 있는 학생 ······ ⬜ 급 ⬜

㉰ 좋거나 잘하는 점 ······ ⬜ ⬜

㉱
⬜ ⬜ 놀 이

㉲
⬜ 죽

㉳
교장 선생님
⬜ 회

58

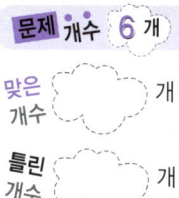

3 비슷한 말 반대말 알기

다음에서 비슷한 뜻끼리 짝지어진 것에는 '='로, 반대의 뜻끼리 짝지어진 것에는 '↔'로 나타내거나, 부호에 알맞게 낱말을 채워 보세요.

문제 개수 **4** 개

맞은 개수 ◯ 개

틀린 개수 ◯ 개

후배	=	(㉮)
자신감	(㉯)	부끄러움

소꿉놀이	(㉰)	소꿉장난
장점	(㉱)	단점

4 큰말 작은 말 알기

낱말의 포함 관계에 따라 '<', 또는 '>'로 나타내고, 그림의 위치에 알맞게 낱말을 넣어 보세요.

문제 개수 **6** 개

맞은 개수 ◯ 개

틀린 개수 ◯ 개

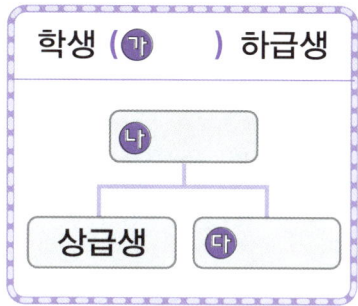

학생 (㉮) 하급생

㉯
상급생	㉰

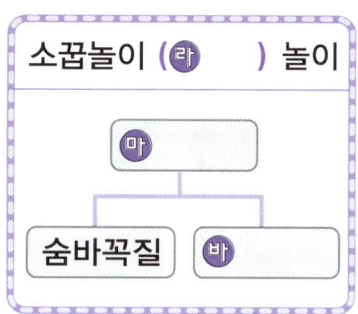

소꿉놀이 (㉱) 놀이

㉲
숨바꼭질	㉳

상급생을 다른 말로 선배라고 해.

5 짝을 이루는 말 찾기

짝을 이루는 말을 찾아 동그라미 하고, 그 말의 뜻을 보기 에서 찾아 번호를 쓰세요.

문제 개수 **4** 개

맞은 개수 ◯ 개

틀린 개수 ◯ 개

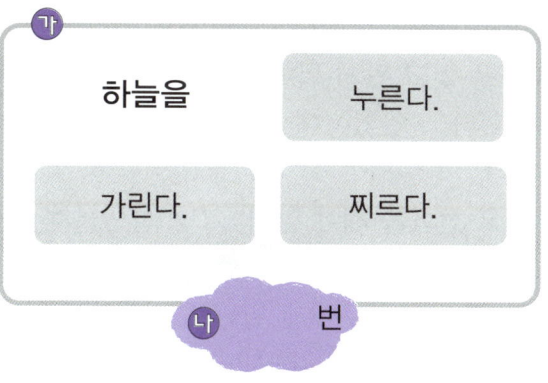

㉮
하늘을 / 누른다. / 가린다. / 찌르다.

㉯ 번

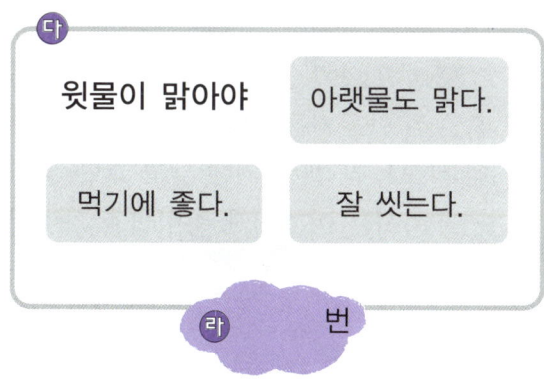

㉰
윗물이 맑아야 / 아랫물도 맑다. / 먹기에 좋다. / 잘 씻는다.

㉱ 번

보기

① 자신감이 매우 높고 세차다.
② 윗사람이 잘하면 아랫사람도 따라서 잘하게 된다.

6 낱말 활용하기

문제 개수 5 개

맞은 개수 ⬜ 개
틀린 개수 ⬜ 개

다음 **가** ~ **라** 의 ( )에 알맞은 낱말을 **보기** 에서 찾아 번호를 쓰고, **마** 의 질문에 답해 보세요.

가 선생님이 편찮으셔서 우리는 조용히 (   )을 했어요.

나 송편을 만들려고 밀가루로 (   )을 했어요.

다 사람은 누구나 (   )과 단점이 있다고 해요.

라 우리 학교는 월요일에 교장 선생님 말씀을 듣는 전체 (   )를 해요.

마 '윗물이 맑아야 아랫물도 맑다.' 는 어떤 경우에 쓰이는 말인지 써 보세요.

➡ _____

보기 ① 상급생   ② 반죽   ③ 장점   ④ 조회   ⑤ 자습   ⑥ 가장자리

총 문제 개수 (25) 개   총 맞은 개수 ( ) 개   총 틀린 개수 ( ) 개

글을 읽고 나서 오늘 공부를 신나게 시작하자고!

공부 습관 다지는 72

아차, 준비물을 빠뜨렸네!

덜렁이 왕자 호준이는 오늘도 미술 준비물을 잊고 왔지 뭐예요. 어제 선생님께서 고무찰흙으로 만들기를 한다고 하셔서 잔뜩 기대를 하고 있었는데, 아침에 늦잠을 자는 바람에 급히 나오느라 책상 위에 두고 그냥 온 것입니다.

호준이는 어머니께 준비물을 가져다 달라고 전화를 해야 할지, 그냥 선생님께 꾸중을 들어야 할지 고민입니다. 여러분이라면 어떻게 할까요?

지금 할 수 있는 방법은 준비물을 넉넉히 준비한 친구에게 빌리는 것이겠지요. 아무도 여분이 없다면 그때는 어머니께 도움을 청하는 것도 좋아요. 하지만 매번 어머니께 전화를 드리는 것은 바람직하지 않겠지요? 이런 일을 막으려면 매일 자기 전에 준비물을 미리 가방에 챙겨 넣도록 하세요. 바쁜 아침에 챙기려다 보면 꼭 빠뜨리거나 급히 구할 수 없는 준비물이 생기기 마련이니까요.

머리 풀어주는 퍼즐

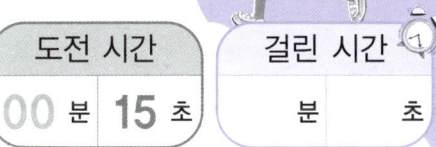

도전 시간	걸린 시간
00 분 15 초	분 초

창의사고력 기초 다지기 판단능력 쑥~

다음 각 모양에는 1부터 5까지의 번호가 써 있습니다. 그런데 빠진 번호가 몇 개 보이네요. ⃝에 빠진 번호는 무엇인지 써 보세요.

⃝에서 빠진 번호는   번 입니다.

낱말이 쏙 생각이 쑥

1 가로세로 낱말 찾기

다음 네모에서 알고 있는 낱말을 찾아 동그라미를 해 보세요.

여기서 찾은 낱말로 2~6번 문제를 풀어요!

그	림	★	스	케	치
도	화	지	★	오	전
★	가	무	용	후	★
쓸	모	울	아	물	색
풍	경	상	까	감	칠

내가 찾은 낱말 ___ 개

2 낱말 뜻 알기

다음 설명이나 그림이 뜻하는 낱말이 무엇인지 빈칸을 채워 보세요.

문제 개수 6 개

맞은 개수 ___ 개

틀린 개수 ___ 개

가 해가 뜰 무렵부터 낮 열두 시까지의 시간 ········· 오 [ ]

나 쓸 만한 가치나 쓰이게 될 부분 ··············· [ ] 모

다 음악에 맞추어 아름다운 동작으로 자신을 표현하는 예술 ····· [ ] 용

라

[ ] 림

마

[ ] 가

바

[ ] 감

62

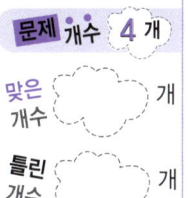

3 비슷한 말 반대말 알기

문제 개수 **4** 개

맞은 개수 ⬡ 개

틀린 개수 ⬡ 개

다음에서 비슷한 뜻끼리 짝지어진 것에는 '='로, 반대의 뜻끼리 짝지어진 것에는 '↔'로 나타내거나, 부호에 알맞게 낱말을 채워 보세요.

춤	=	(㉮)
오전	(㉯)	오후

아까	(㉰)	조금 전
스케치	(㉱)	밑그림

4 큰 말 작은 말 알기

문제 개수 **6** 개

맞은 개수 ⬡ 개

틀린 개수 ⬡ 개

낱말의 포함 관계에 따라 '<', 또는 '>'로 나타내고, 그림의 위치에 알맞게 낱말을 넣어 보세요.

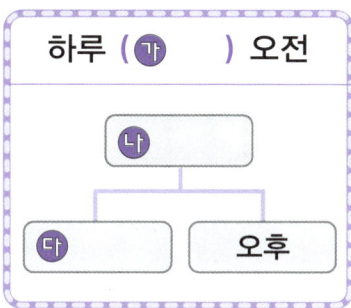

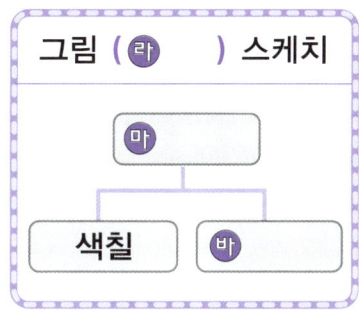

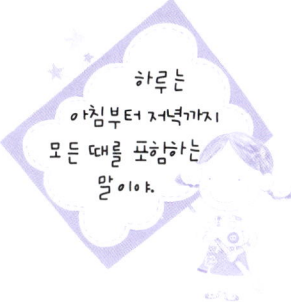

하루는 아침부터 저녁까지 모든 때를 포함하는 말이야.

5 짝을 이루는 말 찾기

문제 개수 **4** 개

맞은 개수 ⬡ 개

틀린 개수 ⬡ 개

짝을 이루는 말을 찾아 동그라미 하고, 그 말의 뜻을 보기 에서 찾아 번호를 쓰세요.

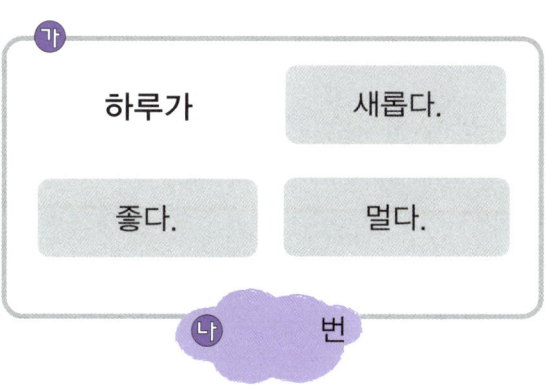

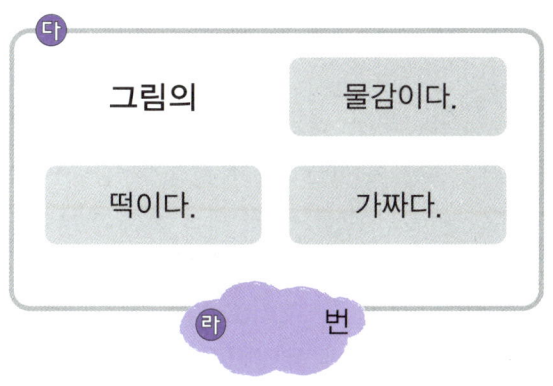

보기

① 아무리 마음에 들어도 이용하거나 차지할 수 없다.

② 하루하루가 소중하며 지나가는 시간이 매우 아쉽다.

63

6 낱말 활용하기

다음 ㉮~㉣ 의 ( )에 알맞은 낱말을 보기 에서 찾아 번호를 쓰고, ㉤ 의 질문에 답해 보세요.

문제 개수 5 개

맞은 개수 ◯ 개

틀린 개수 ◯ 개

㉮ 스케치가 끝난 ( )에 물감칠을 시작했어요.

㉯ 동생은 무릎에서 나는 피를 보더니 ( )을 지었어요.

㉰ 강아지 똥은 자기가 ( ) 없는 것이라는 말에 슬퍼졌어요.

㉱ 나는 ( )가 되고 싶습니다.

㉲ '그림의 떡' 은 어떤 경우에 쓰이는 말인지 써 보세요.

→ _____

보기 ① 쓸모 ② 무용 ③ 오전 ④ 도화지 ⑤ 울상 ⑥ 화가

총 문제 개수 25 개 │ 총 맞은 개수 ◯ 개 │ 총 틀린 개수 ◯ 개

공부 습관 다지는 72

글을 읽고 나서 오늘 공부를 신나게 시작하자고!

알림장을 잘 활용하자!

　여러분은 알림장을 매일 쓰나요? 알림장을 받아 적지 않고 머릿속으로 외운다고 우쭐대다가 집에 와서는 그 내용이 생각나지 않아 애를 먹은 친구도 있을 거예요.
　알림장만 잘 활용해도 학교 생활의 어려움이 반으로 줄어든답니다. 선생님께서 그날그날 숙제나 준비물을 알려 주시면 번호를 매겨서 알림장에 적어 놓았다가 다 했으면 하나씩 체크를 해 보세요. 그리고 맨 마지막에 한 줄씩 하루에 대한 소감을 적어 보는 겁니다. 예를 들어, '체육 시간에 줄넘기를 100번 넘은 것은 참 잘했어!' 라고 스스로 칭찬을 해 주거나 '짝꿍이랑 사소한 일로 다툰 것은 부끄러운 일이었어!' 라고 반성하는 것도 좋아요.
　하루하루 알림장에 여러분의 기록을 써 넣고, 다 했는지 점검하면서 생활하다 보면 절로 우등생이 되어 있을 겁니다.

머리 풀어주는 퍼즐

도전 시간	걸린 시간
00 분 20 초	분 초

창의사고력 기초 다지기   정보처리능력 쏙~

다음에서 해, 달, 별 순서를 따라 출발점부터 도착점까지 줄로 이어 보세요.

순서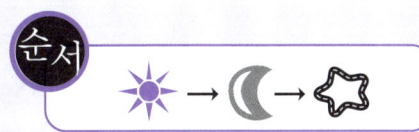

출발 ▶▶

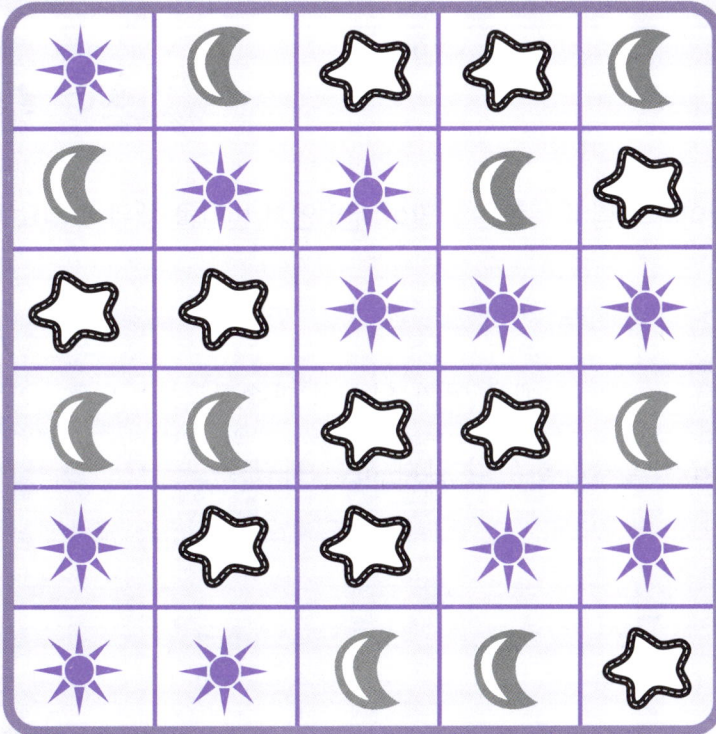

 도착

낱말이 쏙 생각이 쑥

1 가로세로 낱말 찾기

다음 네모에서 알고 있는 낱말을 찾아 동그라미를 해 보세요.

> 여기서 찾은 낱말로 2~6번 문제를 풀어요!

철	길	보	행	자	★
높	이	무	열	★	과
★	넓	게	매	결	실
농	이	원	두	막	★
장	나	무	과	수	원

내가 찾은 낱말 ___ 개

2 낱말 뜻 알기

다음 설명이나 그림이 뜻하는 낱말이 무엇인지 빈칸을 채워 보세요.

문제 개수 6 개

맞은 개수 ___ 개

틀린 개수 ___ 개

가 물건의 무거운 정도 ·················· [ ] 게

나 먹을 수 있는 열매를 얻기 위하여 과수를 심어 가꾸는 밭 ·· [ ] [ ] 원

다 걸어서 길거리를 왔다 갔다 하는 사람 ············· [ ] [ ] 자

라
[ ] 길

마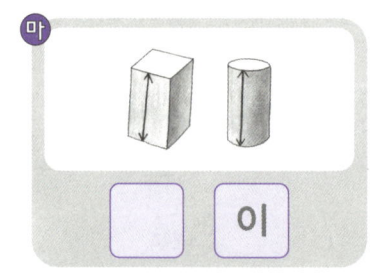
[ ] 이

바
[ ] [ ] 막

66

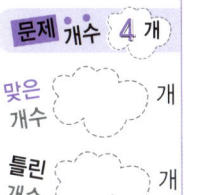
다음에서 비슷한 뜻끼리 짝지어진 것에는 '='로, 반대의 뜻끼리 짝지어진 것에는 '↔'로 나타내거나, 부호에 알맞게 낱말을 채워 보세요.

철도	=	(가)
무게	(나)	중량

보행자	(다)	운전자
과일나무	(라)	과수(果樹)

 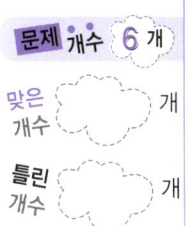
낱말의 포함 관계에 따라 '<', 또는 '>'로 나타내고, 그림의 위치에 알맞게 낱말을 넣어 보세요.

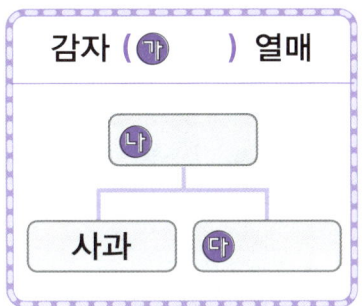

감자 (가) 열매

나

사과   다

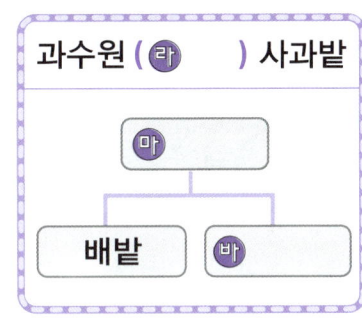

과수원 (라) 사과밭

마

배밭   바

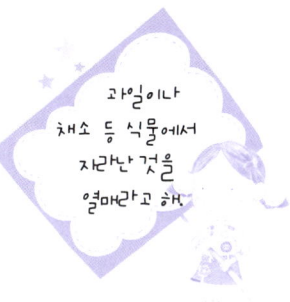

과일이나 채소 등 식물에서 자라난 것을 열매라고 해.

 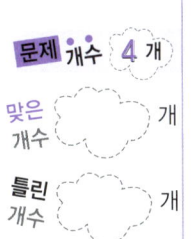
짝을 이루는 말을 찾아 동그라미 하고, 그 말의 뜻을 보기 에서 찾아 번호를 쓰세요.

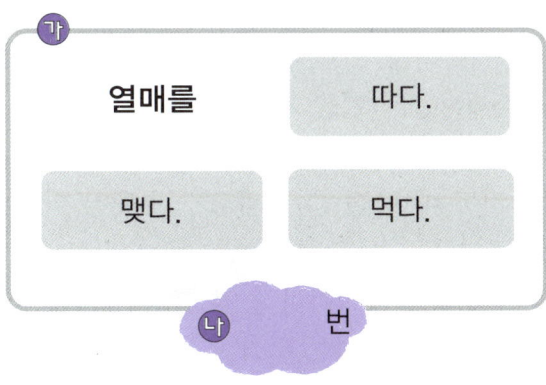

가

열매를   따다.

맺다.   먹다.

나   번

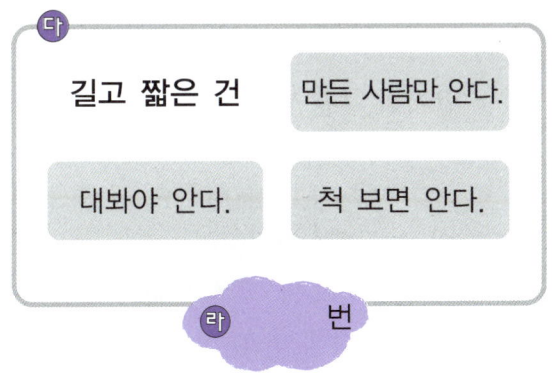

다

길고 짧은 건   만든 사람만 안다.

대봐야 안다.   척 보면 안다.

라   번

보기

① 노력한 일의 결실을 보게 되다.
② 실제로 해보기 전에는 아무도 결과를 알 수 없다.

다음 가~라 의 ( )에 알맞은 낱말을 보기 에서 찾아 번호를 쓰고, 마 의 질문에 답해 보세요.

문제 개수 5 개

맞은 개수 ☁ 개

틀린 개수 ☁ 개

가 할아버지 댁 (   )에서 나는 사과는 달고 맛이 좋아요.

나 정육점에서는 고기를 (   )로 재서 팔아요.

다 (   )은 밭에서 일한 농부들이 쉬기 위해 만든 곳이지요.

라 운전자는 골목길에서 (   )를 잘 살피며 운전해야 해요.

마 '길고 짧은 건 대봐야 안다.' 는 어떤 경우에 쓰이는 말인지 써 보세요.

➡ _____

보기 ① 무게   ② 길이   ③ 과수원   ④ 원두막   ⑤ 보행자   ⑥ 결실

총 문제 개수 25 개 | 총 맞은 개수 ◯ 개 | 총 틀린 개수 ◯ 개

글을 읽고 나서 오늘 공부를 신나게 시작하자고!

공부 습관 다지는

학습지를 잘 챙겨야 해요.

　민이의 나쁜 버릇 중 하나는 선생님께서 주시는 학습지를 자주 잃어버린다는 것입니다. 어제도 두 장 주신 학습지 중에서 한 장을 찾지 못하였고, 때문에 숙제를 못해서 잔뜩 찡그린 얼굴로 학교에 와야 했지요. 우유 급식 신청지도 매번 제 때 가져오지 못해서 어머니께 야단을 맞기도 했습니다.

　민이의 짝꿍인 철수는 절대로 학습지를 빼먹거나 잃어버리지 않습니다. 학습지를 받으면 바로 그 자리에서 '이철수' 하고 이름을 써 놓고 반으로 접은 다음, 그날 쓴 알림장에 잘 끼워서 집에 가져갔다가 부모님께 보여드리거나 과제를 해서 가방에 미리 넣어두거든요. 알림장에 끼워 두니 도망갈 일도 없고, 미리 이름을 써 두니까 혹시 학교에서 잃어버리더라도 안심이 되기 때문입니다.

머리 풀어주는 퍼즐

도전 시간	걸린 시간
00 분 40 초	분 초

창의사고력 기초 다지기   계산능력   쑥~

사다리를 타고 내려가면서, 같은 모양끼리 계산이 이루어지도록 빈칸
을 채워 보세요.

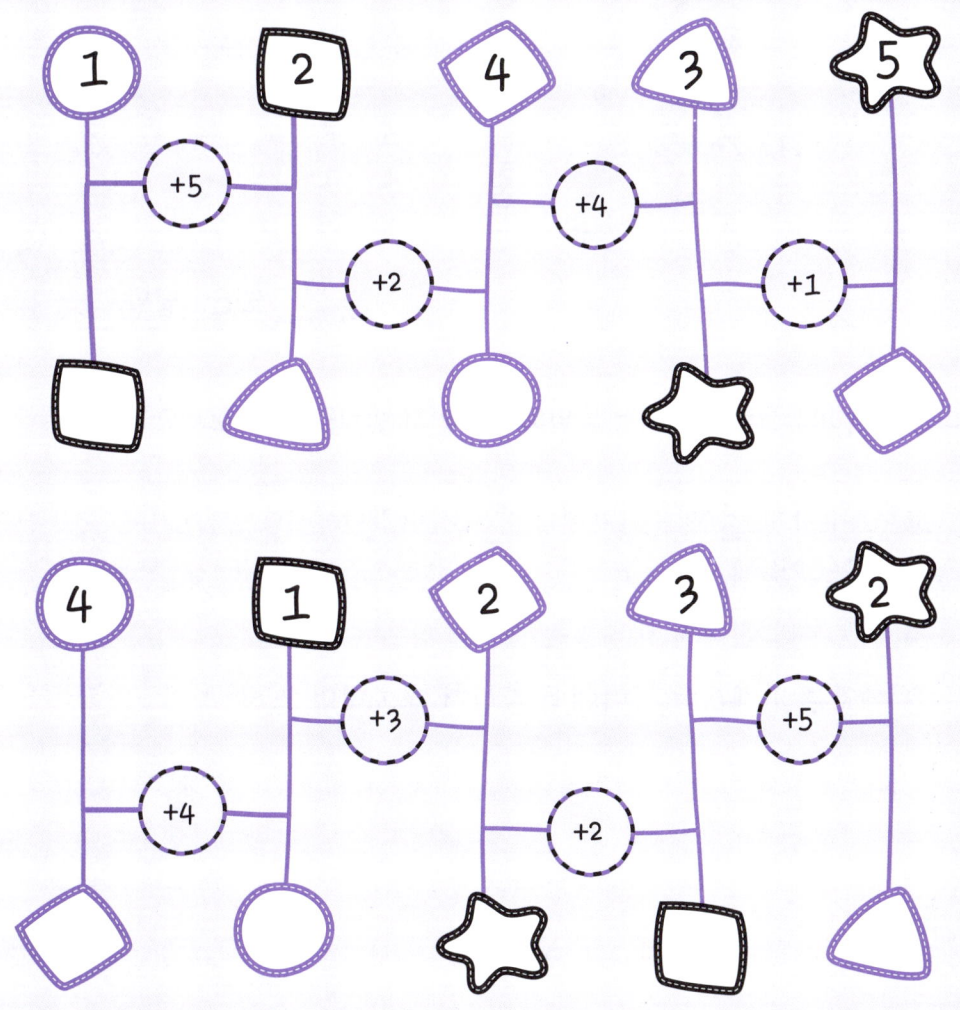

도전시간	걸린시간
7 분 30 초	분 초

1 가로세로 낱말 찾기

다음 네모에서 알고 있는 낱말을 찾아 동그라미를 해 보세요.

여기서 찾은 낱말로 2~6번 문제를 풀어요!

장	단	★	민	풍	★
전	래	동	요	물	대
꽹	★	어	장	놀	중
과	소	깨	구	이	가
리	고	춤	사	위	요

내가 찾은 낱말 ⬤ 개

2 낱말 뜻 알기

다음 설명이나 그림이 뜻하는 낱말이 무엇인지 빈칸을 채워 보세요.

문제 개수 6 개

맞은 개수 ☁ 개

틀린 개수 ☁ 개

가 신이 나서 어깨를 위아래로 으쓱거리거나
또는 그렇게 추는 춤 ••••••••••••• ☐ ☐ 춤

나 예로부터 전해져 내려오는 아이들이 부르는 노래 ••• ☐ ☐ 동 요

다 예로부터 백성들 사이에서 불리던 전통적인 노래 ••••••••••••• ☐ 요

라  ☐ ☐ 위

마 ☐ ☐ 리

바 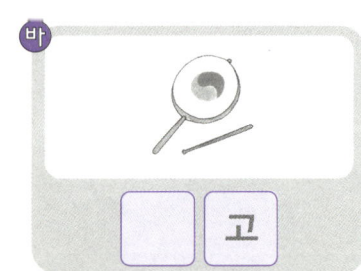 ☐ 고

70

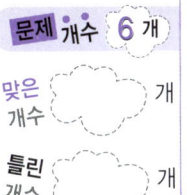

비슷한 말 반대말 알기

다음에서 비슷한 뜻끼리 짝지어진 것에는 '='로, 반대의 뜻끼리 짝지어진 것에는 '↔'로 나타내거나, 부호에 알맞게 낱말을 채워 보세요.

문제 개수 **4** 개

맞은 개수 ◯ 개

틀린 개수 ◯ 개

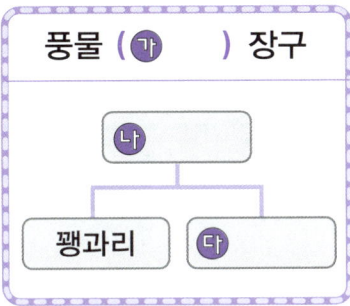

춤동작	=	(가)
꽹과리	(나)	쇠

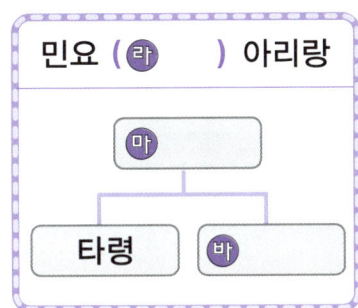

풍물놀이	(다)	농악
대중가요	(라)	가요

큰 말 작은 말 알기

낱말의 포함 관계에 따라 '<', 또는 '>'로 나타내고, 그림의 위치에 알맞게 낱말을 넣어 보세요.

문제 개수 **6** 개

맞은 개수 ◯ 개

틀린 개수 ◯ 개

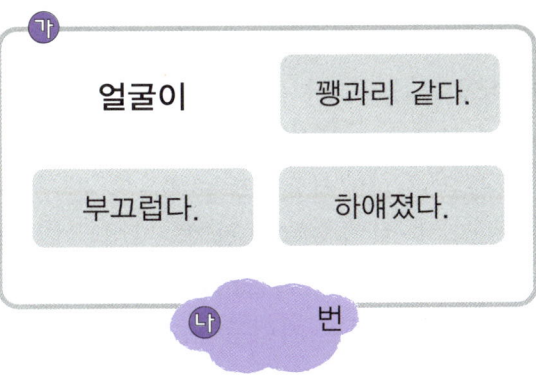

풍물 (가   ) 장구

나

꽹과리 — (다   )

민요 (라   ) 아리랑

마

타령 — (바   )

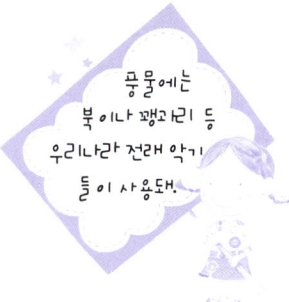

풍물에는 북이나 꽹과리 등 우리나라 전래 악기 들이 사용돼.

짝을 이루는 말 찾기

짝을 이루는 말을 찾아 동그라미 하고, 그 말의 뜻을 보기 에서 찾아 번호를 쓰세요.

문제 개수 **4** 개

맞은 개수 ◯ 개

틀린 개수 ◯ 개

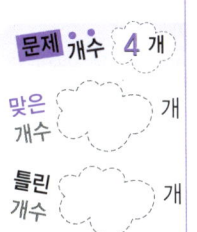

가

얼굴이   꽹과리 같다.

부끄럽다.   하얘졌다.

(나) 번

다

장단을   춤추다.

올리다.   맞추다.

(라) 번

보기
① 남의 기분이나 비위를 맞추기 위하여 말이나 행동을 하다.
② 사람이 염치가 없고 뻔뻔스럽다.

다음 ⓖ~ⓛ 의 ( )에 알맞은 낱말을 보기 에서 찾아 번호를 쓰고, ⓜ 의 질문에 답해 보세요.

> ⓖ 아리랑은 우리나라의 가장 대표적인 전통 ( )예요.
>
> ⓝ 장구 장단이 들리자 사람들은 어깨를 들썩이며 ( )을 추었어요.
>
> ⓒ 요즘 아이들은 동요보다 ( )를 더 좋아해요.
>
> ⓡ 북과 꽹과리 등을 이용한 ( )는 보기만 해도 절로 신이 나요.
>
> ⓜ '장단을 맞추다.' 는 어떤 경우에 쓰이는 말인지 써 보세요.
>
> → _____

보기 ① 민요   ② 춤사위   ③ 어깨춤   ④ 가요   ⑤ 풍물놀이   ⑥ 전래동요

총 문제 개수 ㉕ 개 | 총 맞은 개수 ◯ 개 | 총 틀린 개수 ◯ 개

생각하고 되새기는

성적을 쑥쑥 올려주는 암기 비법

글을 읽고 나서 오늘 공부를 신나게 시작하자고!

암기를 잘하는 것도 공부를 잘하는 비법 중의 하나입니다. 무조건 외우는 방법보다는 내용을 효과적으로 기억할 수 있는 방법을 활용해 보세요. 머릿속으로 외운 내용을 실제로 활용해보는 연습은 기억을 오래 저장할 수 있는 좋은 습관이지요. 외울 내용을 즐거웠던 기억이나 재미있는 낱말로 바꾸어 외우는 것도 좋아요. 또 자기 전 20~30분 사이는 기억력이 가장 활성화되는 시간이므로 중요한 내용은 자기 전에 한 번 더 복습하면 확실한 암기 효과를 볼 수 있어요. 재미있는 리듬이나 노래에 맞추어 외우는 것도 기억을 오래 유지할 수 있는 방법이랍니다.

여러분에게 가장 잘 맞는 방법을 찾아서 재미있게 암기하고 꼭 자기 전에 복습하면 아무리 어려운 공부도 쉽게 정복할 수 있어요.

16회

 머리 풀어주는

도전 시간		걸린 시간	
00 분	20 초	분	초

창의사고력 기초 다지기   주의집중력   쓱~

다음 ❶~❹ 중 보기 와 같은 그림을 찾아보세요.

문제1

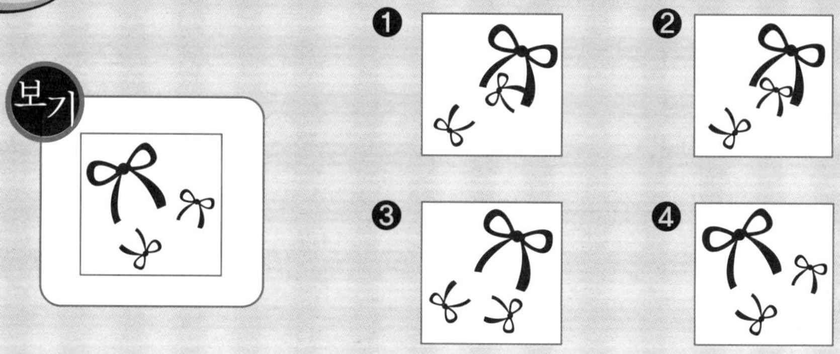

보기

❶   ❷

❸   ❹

번

문제2

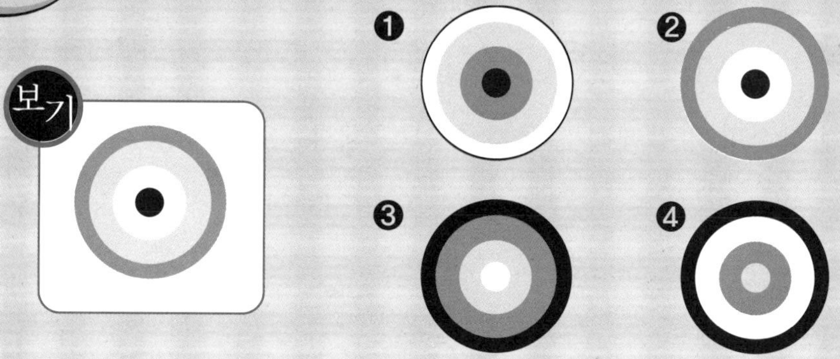

보기

❶   ❷

❸   ❹

번

도전시간 | 7 분 | 20 초

걸린시간 | 분 | 초

1 가로세로 낱말 찾기

다음 네모에서 알고 있는 낱말을 찾아 동그라미를 해 보세요.

여기서 찾은 낱말로 2~6번 문제를 풀어요!

★	버	★	도	저	히
빗	릇	돌	부	리	훌
장	대	문	고	리	쩍
★	표	정	따	스	한
흉	내	★	장	면	★

내가 찾은 낱말   개

2 낱말 뜻 알기

다음 설명이나 그림이 뜻하는 낱말이 무엇인지 빈칸을 채워 보세요.

문제 개수 6 개

맞은 개수   개

틀린 개수   개

가 아무리 하여도 (할 수 없는 상황) ········· ☐ ☐ 히

나 덥거나 춥지 않고 알맞게 따뜻한 ················· ☐ ☐ 한

다 어떤 장소나 상황에서 겉으로 보이는 광경 ········· ☐ 면

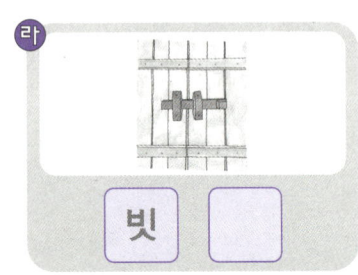

라 빗 ☐

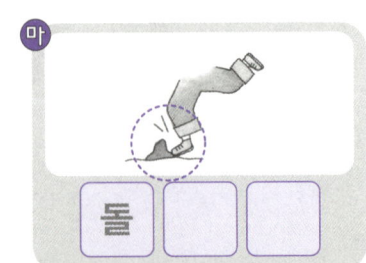

마 돌 ☐ ☐

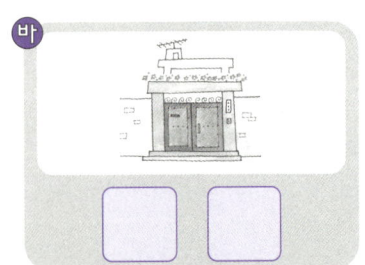

바 ☐ ☐

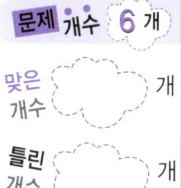

3 비슷한 말 반대말 알기

문제 개수 4 개

맞은 개수 　　 개

틀린 개수 　　 개

다음에서 비슷한 뜻끼리 짝지어진 것에는 '='로, 반대의 뜻끼리 짝지어진 것에는 '↔'로 나타내거나, 부호에 알맞게 낱말을 채워 보세요.

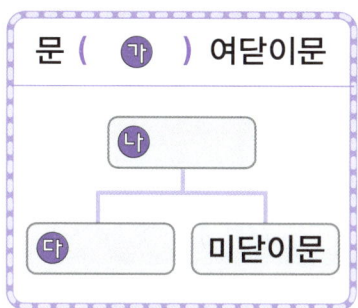

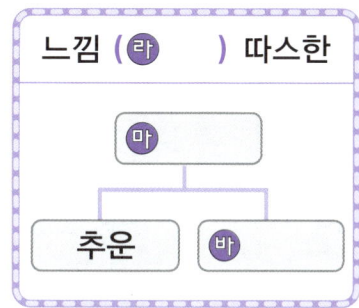

결코	=	(가 　　)
버릇	(나 　　)	습관

장면	(다 　　)	상황
따스한	(라 　　)	추운

4 큰 말 작은 말 알기

문제 개수 6 개

맞은 개수 　　 개

틀린 개수 　　 개

낱말의 포함 관계에 따라 '<', 또는 '>'로 나타내고, 그림의 위치에 알맞게 낱말을 넣어 보세요.

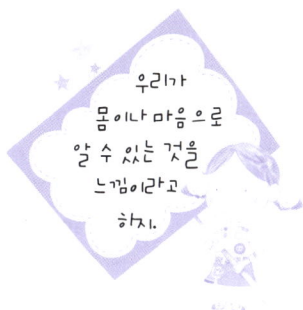

문 (가 　) 여닫이문

나

다 　　　 미닫이문

느낌 (라 　) 따스한

마

추운 　　 바

우리가 몸이나 마음으로 알 수 있는 것을 느낌이라고 하지.

5 짝을 이루는 말 찾기

문제 개수 4 개

맞은 개수 　　 개

틀린 개수 　　 개

짝을 이루는 말을 찾아 동그라미 하고, 그 말의 뜻을 보기 에서 찾아 번호를 쓰세요.

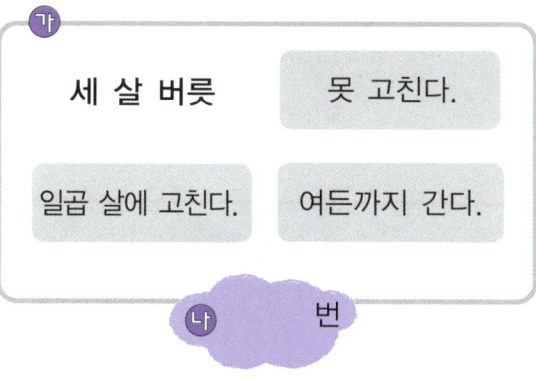

가

세 살 버릇　　　못 고친다.

일곱 살에 고친다.　　여든까지 간다.

나 　　 번

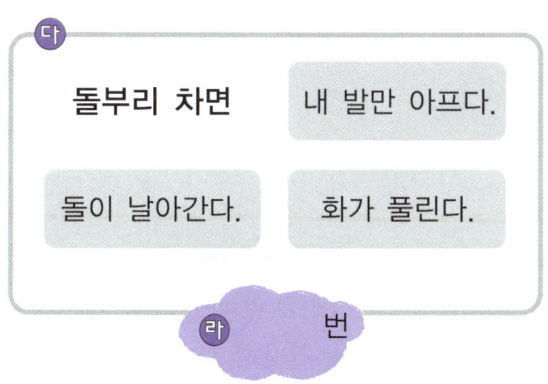

다

돌부리 차면　　　내 발만 아프다.

돌이 날아간다.　　화가 풀린다.

라 　　 번

보기
① 어려서 든 버릇은 쉽게 고치지 못한다.
② 쓸데없이 화를 내면 자기만 손해를 보게 된다.

다음 ㉮~㉣ 의 ( )에 알맞은 낱말을 보기 에서 찾아 번호를 쓰고, ㉤ 의 질문에 답해 보세요.

문제 개수 **5** 개

맞은 개수 ⬜ 개

틀린 개수 ⬜ 개

㉮ 친구랑 싸웠는지 동생이 울 것 같은 ( )으로 들어왔어요.

㉯ 손으로 뺨을 긁으며 원숭이 ( )를 냈더니 엄마와 아빠가 한참을 웃었어요.

㉰ 아무도 들어오지 못하게 대문에 ( )을 단단히 걸어 두었어요.

㉱ 전학 간 내 짝을 나는 ( ) 잊을 수 없을 거예요.

㉲ '장면'을 넣어 짧은 글을 지어 보세요.

➡ _____

보기 ① 결코   ② 빗장   ③ 대문   ④ 표정   ⑤ 흉내   ⑥ 장면

총 문제 개수 (25) 개 │ 총 맞은 개수 ( ) 개 │ 총 틀린 개수 ( ) 개

좋은 습관 다지는

72

당근을 먹으면 눈이 밝아져요.

글을 읽고 나서 오늘 공부를 신나게 시작하자고!

당근, 피망, 양파는 야채 나라를 대표하는 삼총사이지요. 그 중에서도 붉은 당근을 꾸준히 먹으면 눈이 밝아진답니다. 당근 속에는 베타카로틴이 많아요. 당근이 붉은 색을 띄는 것도 바로 이 베타카로틴 때문인데, 이것은 우리 몸속에 들어가서 비타민 A로 바뀌어요. 비타민 A는 특히 눈을 건강하게 하고 시력을 보호해 줍니다.

당근은 '당나라에서 들어온 뿌리 채소'라는 뜻에서 이름이 붙여졌다고 해요. 당근을 하루에 한 개씩 꾸준히 먹으면 눈도 좋아지고 피부도 고와지지요. 당근 속의 영양분은 기름 성분에 녹기 때문에 마요네즈나 올리브오일에 살짝 찍어 먹으면 더욱 좋답니다.

머리 풀어주는

도전 시간	걸린 시간
00 분 20 초	분 초

창의사고력 기초 다지기   연상추리력   쑥~

다음 그림의 빈 자리에 들어갈 모양을 골라 (   ) 안에 번호를 쓰세요.

● 문제1

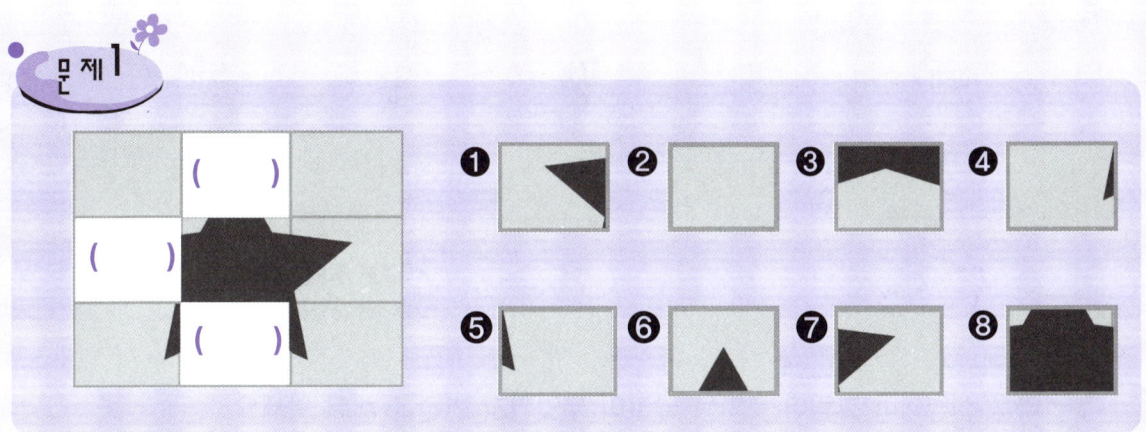

● 문제2

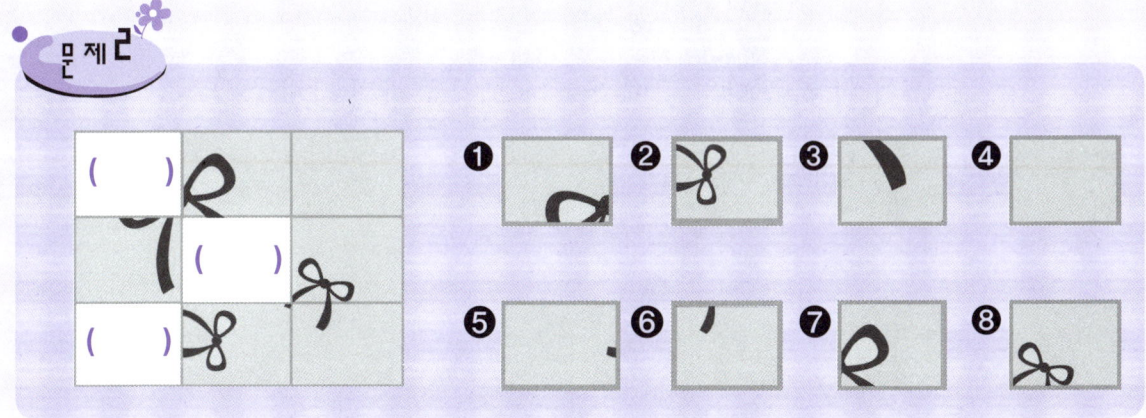

낱말이 쏙 생각이 쑥

1 가로세로 낱말 찾기

다음 네모에서 알고 있는 낱말을 찾아 동그라미를 해 보세요.

여기서 찾은 낱말로 2~6번 문제를 풀어요!

도	재	활	용	표	★
구	★	수	염	시	간
모	양	자	★	행	사
폐	팽	팔	랑	개	비
품	이	★	이	슬	★

내가 찾은 낱말 ___ 개

2 낱말 뜻 알기

다음 설명이나 그림이 뜻하는 낱말이 무엇인지 빈칸을 채워 보세요.

문제 개수 6 개

맞은 개수 ___ 개

틀린 개수 ___ 개

가 일을 할 때 쓰는 연장을 통틀어 이르는 말 ········· [ ][ ]

나 못 쓰게 된 것을 다른 곳에 쓰거나 모양을 바꿔 다시 씀. ·· [ ][ ] 용

다 어떤 일을 하는 것 ··························· [ ] 사

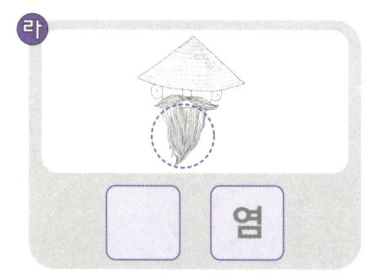

라 [ ] 염

마 [ ][ ] 자

바 [ ] 이

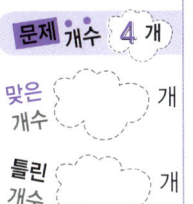

3 비슷한 말 반대말 알기

다음에서 비슷한 뜻끼리 짝지어진 것에는 '='로, 반대의 뜻끼리 짝지어진 것에는 '↔'로 나타내거나, 부호에 알맞게 낱말을 채워 보세요.

연장	=	(가)
특별한 일	(나)	일상

팔랑개비	(다)	바람개비
폐품	(라)	새 물건

4 큰 말 작은 말 알기

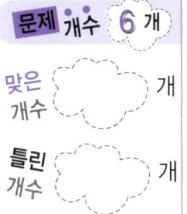

낱말의 포함 관계에 따라 '<', 또는 '>'로 나타내고, 그림의 위치에 알맞게 낱말을 넣어 보세요.

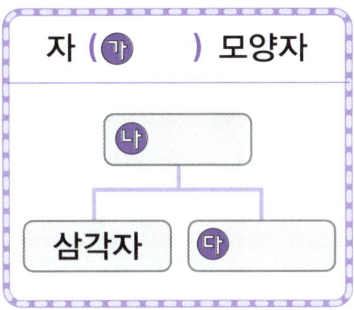

자 (가   ) 모양자

나

삼각자 · 다

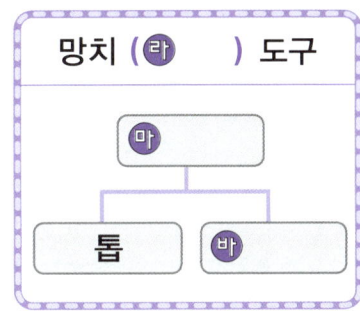

망치 (라   ) 도구

마

톱 · 바

도구는 어떤 일을 할 때 사용하는 모든 연장을 말해.

5 짝을 이루는 말 찾기

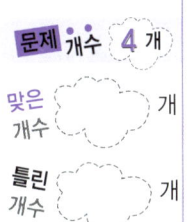

짝을 이루는 말을 찾아 동그라미 하고, 그 말의 뜻을 [보기]에서 찾아 번호를 쓰세요.

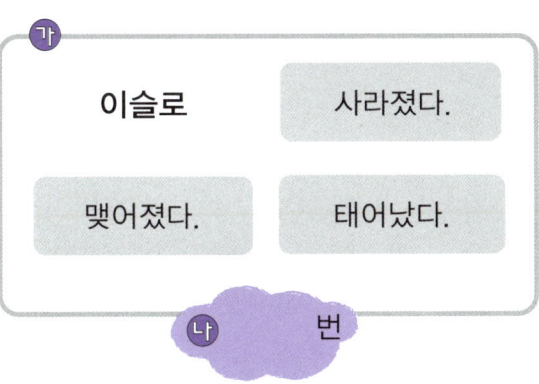

가

이슬로   사라졌다.

맺어졌다.   태어났다.

나   번

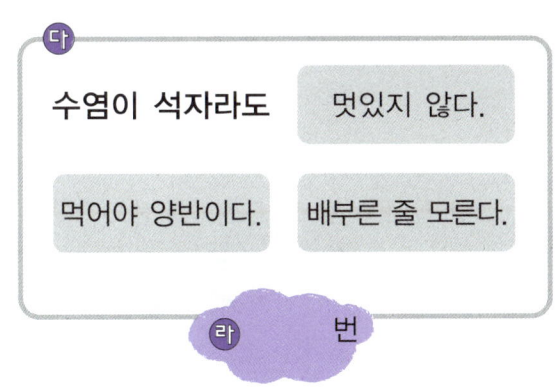

다

수염이 석자라도   멋있지 않다.

먹어야 양반이다.   배부른 줄 모른다.

라   번

[보기]

① 먹는 일이 어떤 것보다 더 중요하다.
② 사형이나 전쟁으로 목숨을 잃다.

6 낱말 활용하기

문제 개수 **5** 개

맞은 개수 ⬜ 개

틀린 개수 ⬜ 개

다음 **가 ~ 라**의 ( )에 알맞은 낱말을 **보기**에서 찾아 번호를 쓰고, **마**의 질문에 답해 보세요.

가 올해 우리 집의 주요 ( )는 동생의 입학식이에요.

나 학용품에 이름을 쓰는 것은 그것이 내 물건이라고 ( )를 해두는 것이에요.

다 동그라미나 별을 그릴 때 ( )를 사용하면 쉽게 그릴 수 있어요.

라 사람들은 필요에 따라 ( )를 만들어서 쓰기 시작했어요.

마 '재활용'을 넣어 짧은 글을 지어 보세요.

→ _____ .

보기 ① 도구 ② 폐품 ③ 행사 ④ 표시 ⑤ 모양자 ⑥ 재활용

총 문제 개수 **25** 개 | 총 맞은 개수 ◯ 개 | 총 틀린 개수 ◯ 개

좋은 습관 다지는 72

글을 읽고 나서 오늘 공부를 신나게 시작하자고!

상추를 먹으면 졸음이 와요.

아삭아삭 탐스럽고 먹음직스러운 상추, 삼겹살을 싸서 된장을 얹어 먹으면 맛이 그만이지요. 그런데 혹시 이것도 알고 있나요? 상추를 많이 먹으면 잠이 온다는 사실 말이에요.

이것은 상추 줄기에 들어 있는 하얀 우유 같은 물질 때문이에요. 그것이 바로 상추의 쓴맛을 내는 '락투카리움'이라는 성분이지요. 이것은 신경을 안정시키고 진정 작용을 하기 때문에 상추를 먹으면 슬슬 잠이 오고 졸린 것입니다. 그러니 공부를 많이 해야 하는 시험 전날 상추를 먹으면 나도 모르는 사이에 꾸벅꾸벅 졸게 되겠지요. 아무리 맛있는 상추도 시험 볼 때는 잠시 안녕, 시험이 끝나면 마음 놓고 드세요.

머리 풀어주는 퍼즐

도전 시간	걸린 시간
00 분 30 초	분 초

창의사고력 기초 다지기 판단능력 쑥~

다음 동그라미와 세모 속에는 각각 1부터 20까지의 숫자가 써 있습니다.
세모 속의 숫자만 순서대로 찾아 동그라미 해 보세요.

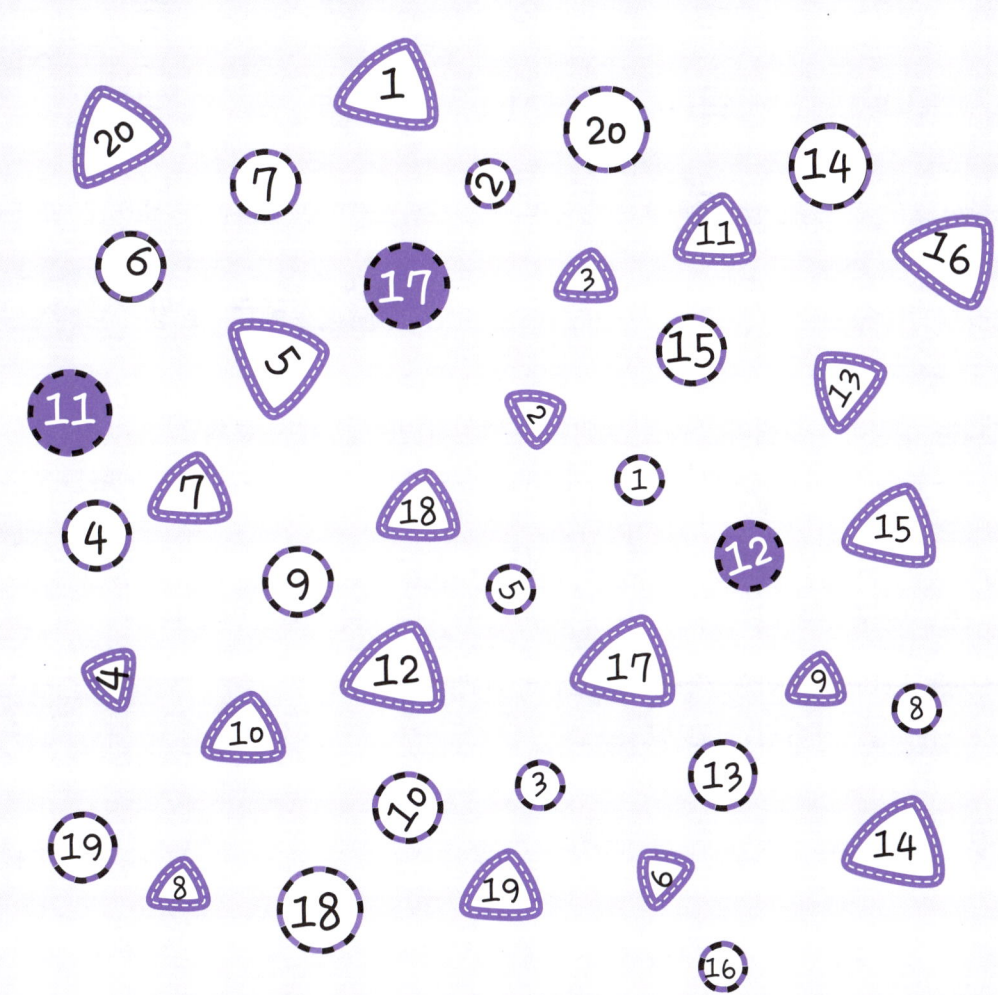

낱말이 쏙 생각이 쑥

도전시간 | 걸린시간
7 분 30 초 | 분 초

1 가로세로 낱말 찾기

다음 네모에서 알고 있는 낱말을 찾아 동그라미를 해 보세요.

여기서 찾은 낱말로 2~6번 문제를 풀어요!

국	화	광	한	글	날
기	★	복	강	현	제
개	천	절	산	충	헌
태	극	기	삼	일	절
★	국	군	의	날	★

내가 찾은 낱말 ☁ 개

2 낱말 뜻 알기

다음 설명이나 그림이 뜻하는 낱말이 무엇인지 빈칸을 채워 보세요.

문제 개수 6 개

맞은 개수 ☁ 개

틀린 개수 ☁ 개

㉮ 나라의 기쁘거나 슬픈 일을 기념하기 위하여, 국가에서 법으로 정한 경축일 ············ ☐ ☐ 일

㉯ 단군이 우리나라를 처음 세운 것을 기념하는 국경일 ····· ☐ 천 ☐

㉰ 나라를 위하여 싸우다 숨진 군인과 독립 투사 등을 기리기 위한 날 ··············· ☐ ☐ 일

㉱

☐ ☐ (國花)

㉲
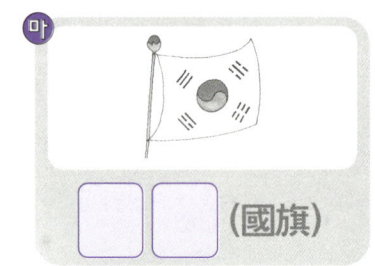
☐ ☐ (國旗)

㉳
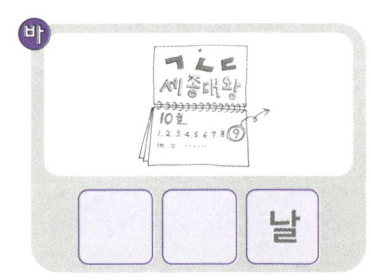
☐ ☐ 날

82

3 비슷한 말 반대말 알기

다음에서 비슷한 뜻끼리 짝지어진 것에는 '='로, 반대의 뜻끼리 짝지어진 것에는 '↔'로 나타내거나, 부호에 알맞게 낱말을 채워 보세요.

문제 개수 **4** 개

맞은 개수 ☁ 개

틀린 개수 ☁ 개

3월 1일	**=**	(가)
무궁화	(나)	국화(國花)

7월 17일	(다)	제헌절
10월 9일	(라)	한글날

4 큰 말 작은 말 알기

낱말의 포함 관계에 따라 '<', 또는 '>'로 나타내고, 그림의 위치에 알맞게 낱말을 넣어 보세요.

문제 개수 **6** 개

맞은 개수 ☁ 개

틀린 개수 ☁ 개

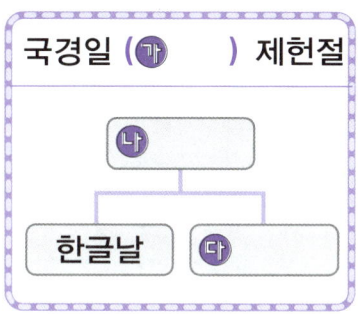

국경일 (가) 제헌절

나

한글날 | 다

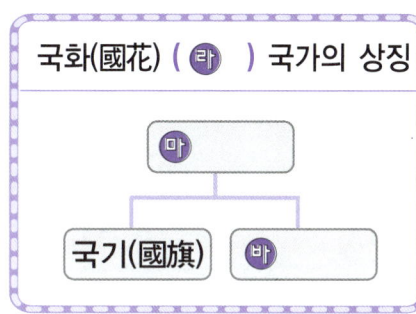

국화(國花) (라) 국가의 상징

마

국기(國旗) | 바

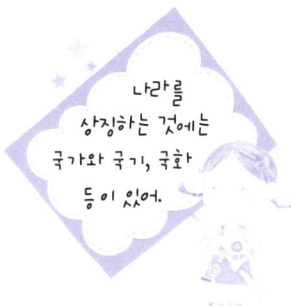

나라를 상징하는 것에는 국가와 국기, 국화 등이 있어.

5 짝을 이루는 말 찾기

짝을 이루는 말을 찾아 동그라미 하고, 그 말의 뜻을 보기 에서 찾아 번호를 쓰세요.

문제 개수 **4** 개

맞은 개수 ☁ 개

틀린 개수 ☁ 개

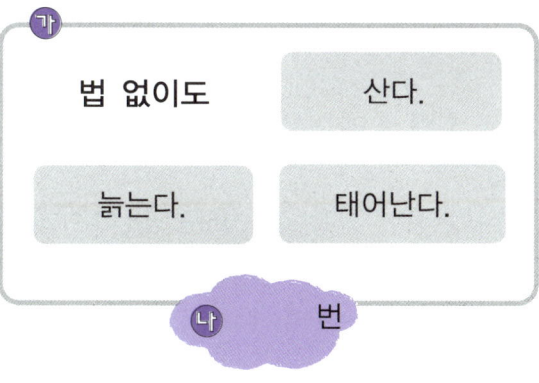

가

법 없이도 | 산다.

늘는다. | 태어난다.

나 번

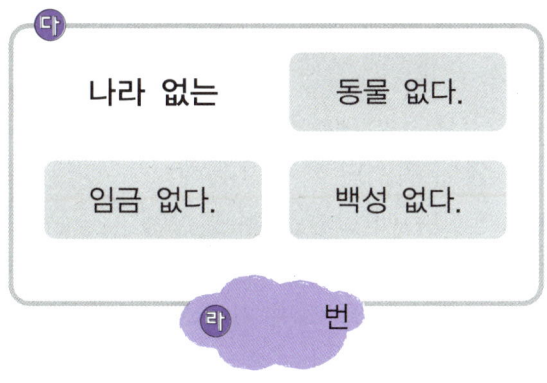

다

나라 없는 | 동물 없다.

임금 없다. | 백성 없다.

라 번

보기

① 사람은 누구에게나 조국이 있다.

② 마음이 곧고 착하여 법이 없어도 나쁜 짓을 하지 아니하다.

83

6 낱말 활용하기

다음 ㉮~㉱ 의 ( )에 알맞은 낱말을 보기 에서 찾아 번호를 쓰고, ㉱ 의 질문에 답해 보세요.

문제 개수 5 개

맞은 개수 ◯ 개

틀린 개수 ◯ 개

㉮ 태극기는 우리나라의 ( )예요.

㉯ ( )을 맞아 국립 묘지에 갔어요. 나라를 위해 목숨을 바친 분들께 감사를 드렸어요.

㉰ 유관순 열사 같은 분들이 독립 만세를 부르던 날을 기념하는 ( )은 3월 1일이에요.

㉱ 법을 만든 ( )은 7월 17일이에요.

㉲ '법 없이도 산다.' 는 어떤 경우에 쓰이는 말인지 써 보세요.

→ _____

보기 ① 제헌절 ② 국군의 날 ③ 한글날 ④ 현충일 ⑤ 삼일절 ⑥ 국기

총 문제 개수 25 개 | 총 맞은 개수 ◯ 개 | 총 틀린 개수 ◯ 개

글을 읽고 나서 오늘 공부를 신나게 시작하자고!

좋은 습관 다지는 72

멸치는 뼈째 씹어 먹어요.

멸치는 대표적인 뼈째 먹는 생선이지요. 생선 뼈 속에는 칼슘이 많이 들어 있어서 멸치를 많이 먹으면 뼈가 튼튼해지고 키도 쑥쑥 자랍니다.

그런데 칼슘은 뼈 건강에만 좋은 것이 아니라 정신 건강에도 좋은 영양소예요. 칼슘은 정신을 안정시키는 작용을 하기 때문에 칼슘이 모자라면 정서가 불안하고, 아무것도 아닌 일에 자주 긴장을 하게 됩니다. 그러니 긴장을 잘하는 친구는 우유나 멸치 볶음을 많이 먹으면 칼슘이 보충되어 마음이 느긋하게 풀어진답니다.

그런데 아무리 멸치를 많이 먹어도 칼슘의 흡수를 방해하는 콜라나 사이다 같은 청량 음료를 많이 먹으면 아무 소용이 없어요. 청량 음료 대신 우유나 쥬스를 마시면 칼슘도 보충되고 치아 건강에도 좋은 일석이조의 효과를 볼 수 있답니다.

머리 풀어주는

창의사고력 기초 다지기 정보처리능력 쑥~

다음 중 가장 큰 수를 찾아 동그라미 해 보세요.

이십이

27

칠사

삼십오

5+3

50

8-5

십육

3

15

1 가로세로 낱말 찾기

다음 네모에서 알고 있는 낱말을 찾아 동그라미를 해 보세요.

여기서 찾은 낱말로 2~6번 문제를 풀어요!

빙	산	쌰	★	동	면
판	★	락	고	드	름
함	박	눈	보	라	겨
★	추	★	썰	매	울
★	위	얼	음	산	잠

내가 찾은 낱말   ＿＿ 개

2 낱말 뜻 알기

다음 설명이나 그림에서 의미하는 낱말을 완성해 보세요.

문제 개수 6 개

맞은 개수 ＿ 개

틀린 개수 ＿ 개

가 곰이나 뱀이 땅속에서 움직이지 않고 겨울을 보내는 일 ⋯⋯ ☐ ☐ 잠

나 바람이 부는 대로 휘몰아쳐 날리는 눈 ⋯⋯⋯⋯⋯ 눈 ☐ ☐

다 추위 때문에 살갗이 얼어서 피부가 상하는 일 ⋯⋯⋯⋯ ☐ 상

라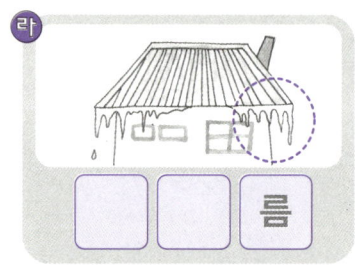
☐ ☐ 름

마
☐ 판

바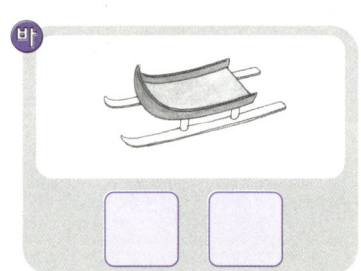
☐ ☐

3 비슷한 말 반대말 알기

문제 개수 4 개

맞은 개수 ( ) 개

틀린 개수 ( ) 개

다음 낱말과 비슷한 뜻에는 '='로, 반대의 뜻에는 '↔'로 나타내거나, 부호에 알맞게 빈칸을 채워 보세요.

얼음판	=	(㉮)
추위	(㉯)	더위

겨울잠	(㉰)	동면
얼음산	(㉱)	빙산

4 큰 말 작은 말 알기

문제 개수 6 개

맞은 개수 ( ) 개

틀린 개수 ( ) 개

낱말의 포함 관계에 따라 '<', 또는 '>'로 나타내고, 그림의 위치에 알맞게 낱말을 넣어 보세요.

싸락눈 (㉮) 눈

- ㉯
  - 함박눈
  - ㉰

빙판 (㉱) 얼음

- ㉲
  - 빙산
  - ㉳

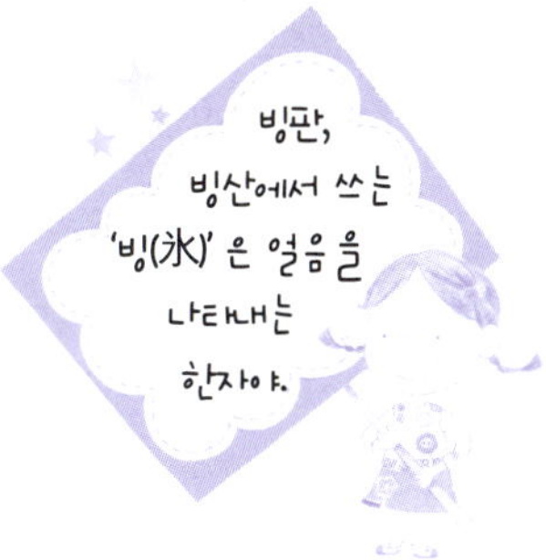

빙판,
빙산에서 쓰는
'빙(氷)'은 얼음을
나타내는
한자야.

5 짝을 이루는 말 찾기

문제 개수 4 개

맞은 개수 ( ) 개

틀린 개수 ( ) 개

짝을 이루는 말을 찾아 동그라미하고, 그 말의 뜻을 보기 에서 찾아 번호를 쓰세요.

㉮

겨울 지나지 않고 / 봄 오랴! / 꽃이 피랴! / 여름 가랴!

㉯ 번

㉰

빙산의 / 줄기 / 일각(一角) / 뿌리

㉱ 번

보기

① 대부분이 숨겨져 있고 겉으로 보이는 것은 극히 일부분에 지나지 않는다.

② 세상일에는 다 순서가 있어서 급하다고 하여 억지로 할 수는 없다.

6 낱말 활용하기

다음 ㉮~㉱ 의 ( )에 알맞은 낱말을 보기 에서 찾아 번호를 쓰고, ㉲ 의 질문에 답해 보세요.

문제 개수 **5** 개

맞은 개수 ⬜ 개

틀린 개수 ⬜ 개

㉮ 겨울에 다람쥐가 보이지 않는 것은 ( )을 자기 때문이래요.

㉯ 올 겨울 ( )는 다른 해에 비해 더욱 매섭습니다.

㉰ 루돌프는 산타 할아버지의 ( )를 끄는 사슴이에요.

㉱ 겨울이면 쌓인 눈이 녹으며 지붕 아래로 길게 ( )이 생겨요.

㉲ '눈보라' 를 넣어 짧은 글을 지어 보세요.

→ _____

보기 ① 고드름 ② 썰매 ③ 빙판 ④ 겨울잠 ⑤ 추위 ⑥ 함박눈

총 문제 개수 **25** 개 | 총 맞은 개수 ◯ 개 | 총 틀린 개수 ◯ 개

글을 읽고 나서 오늘 공부를 신나게 시작하자고!

좋은 습관 다지는

7교시

몸의 리듬을 조정하는 햇볕

누군가 깨우지 않아도 아침이면 저절로 눈이 떠지거나 밤이 되면 슬슬 졸음이 오는 까닭에 대해서 한 번쯤 의문을 가져본 적이 있나요? 그것은 바로 햇볕이 우리 몸의 생체 시계 역할을 해주기 때문입니다.

햇볕은 우리 몸의 리듬을 조정하여 아침에 눈을 뜨고, 낮에는 활동을 하며 밤이 되면 몸을 쉬도록 시간에 대한 정보를 전달해 줍니다. 그래서 우리와 낮과 밤이 다른 외국에 다녀오면 이 생체 시계가 흐트러져 한동안 시차 적응이 필요하기도 하지요.

우리 몸은 직접 햇볕을 쐬면 비타민 D라는 영양소를 만들어냅니다. 비타민 D는 항암 작용을 하며 우리 몸에 꼭 필요한 성분이지요. 하루에 15분씩 따사로운 햇볕을 느껴 보세요. 몸과 마음이 한결 가볍고 밝아질 거예요.

20회 머리 풀어주는 퍼즐

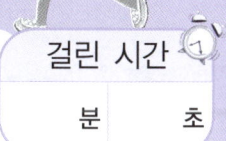

도전 시간	걸린 시간
00 분 40 초	분 초

창의사고력 기초 다지기 계산능력 쑥~

사다리를 타고 내려가면서, 같은 모양끼리 계산이 이루어지도록 빈칸
을 채워 보세요.

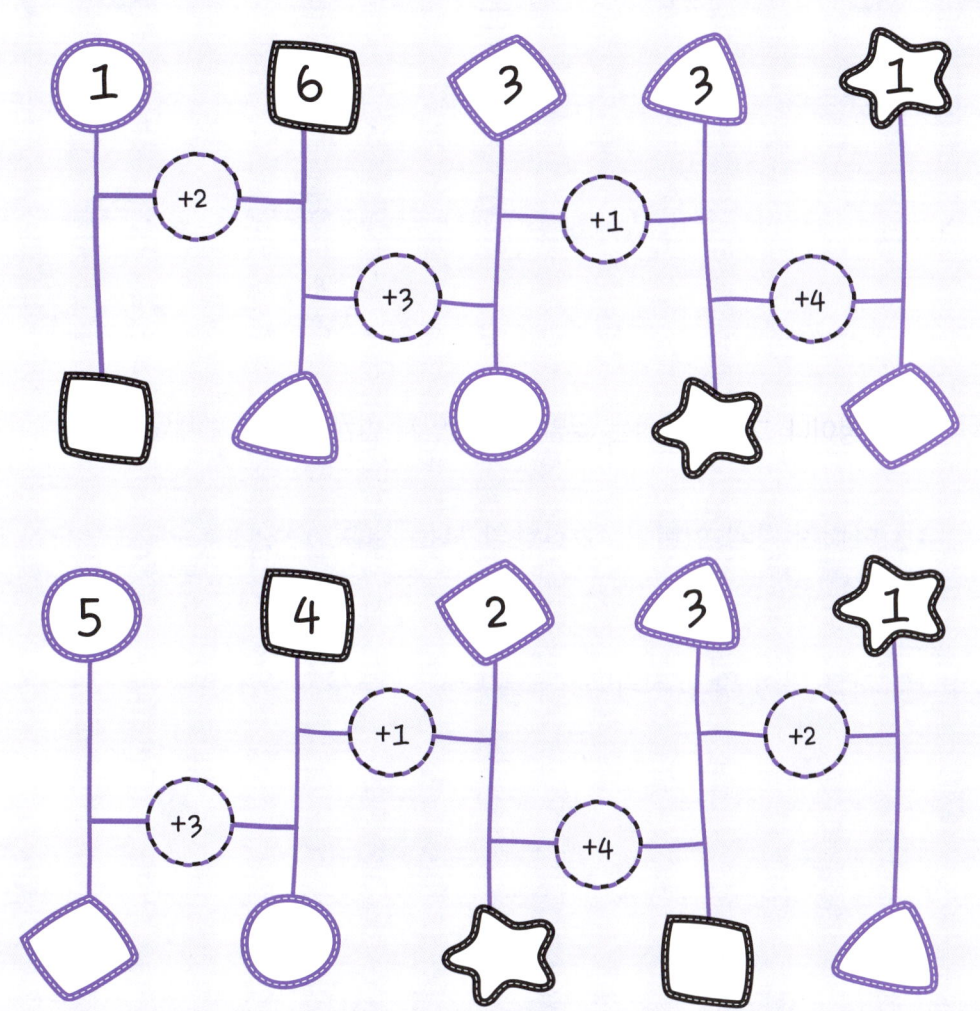

도전시간		걸린시간	
7 분	30 초	분	초

1 가로세로 낱말 찾기

다음 네모에서 알고 있는 낱말을 찾아 동그라미를 해 보세요.

여기서 찾은 낱말로 2~6번 문제를 풀어요!

★	인	발	자	국	★
친	척	심	부	름	자
★	가	훈	족	★	랑
방	법	행	화	목	거
호	두	동	분	★	리

내가 찾은 낱말 ☁ 개

2 낱말 뜻 알기

다음 설명이나 그림이 뜻하는 낱말이 무엇인지 빈칸을 채워 보세요.

문제 개수 **6** 개

맞은 개수 ☁ 개

틀린 개수 ☁ 개

가 아버지 쪽과 어머니 쪽 집안의 모든 가족 ········· ☐ 척

나 한 집안의 조상이나 어른이 자손들에게 일러 주는 가르침 ····· 가 ☐

다 서로 뜻이 맞고 정다움. ··················· ☐ 목

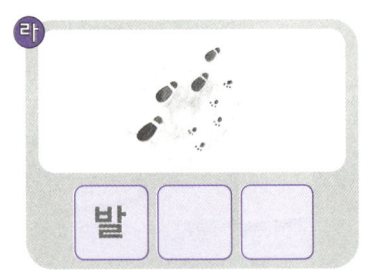

라 발 ☐ ☐

마 ☐ 분

바 ☐ ☐

다음에서 비슷한 뜻끼리 짝지어진 것에는 '='로, 반대의 뜻끼리 짝지어진 것에는 '↔'로 나타내거나, 부호에 알맞게 낱말을 채워 보세요.

문제 개수 4 개

맞은 개수 ◯ 개

틀린 개수 ◯ 개

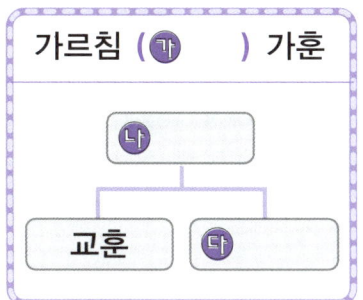

가정교훈	=	(가)
행동	(나)	생각

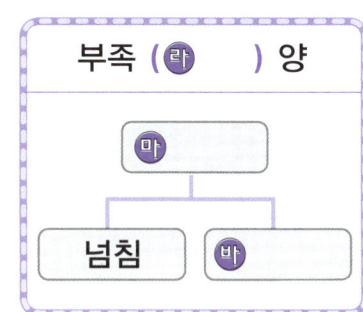

화기애애	(다)	화목
부족	(라)	모자람

4 큰 말
작은 말 알기

낱말의 포함 관계에 따라 '<', 또는 '>'로 나타내고, 그림의 위치에 알맞게 낱말을 넣어 보세요.

문제 개수 6 개

맞은 개수 ◯ 개

틀린 개수 ◯ 개

가르침 (가) 가훈

```
        [ 나 ]
       /      \
   교훈        [ 다 ]
```

부족 (라) 양

```
        [ 마 ]
       /      \
   넘침        [ 바 ]
```

교훈은 학교에서 학생들에게 전하고자 하는 가르침이야.

5 짝을 이루는
말 찾기

짝을 이루는 말을 찾아 동그라미 하고, 그 말의 뜻을 보기 에서 찾아 번호를 쓰세요.

문제 개수 4 개

맞은 개수 ◯ 개

틀린 개수 ◯ 개

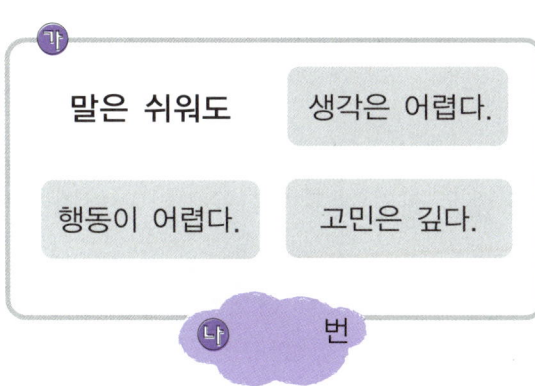

가

말은 쉬워도 / 생각은 어렵다.
행동이 어렵다. / 고민은 깊다.

나 ◯ 번

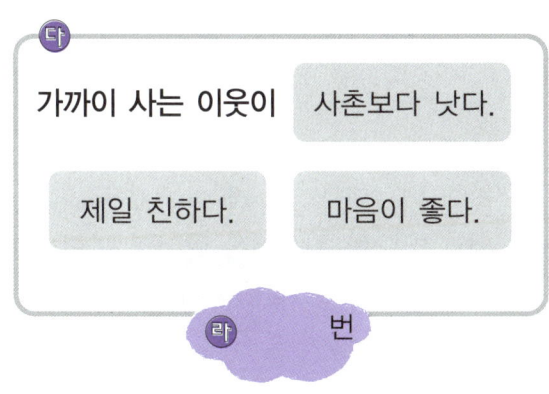

다

가까이 사는 이웃이 / 사촌보다 낫다.
제일 친하다. / 마음이 좋다.

라 ◯ 번

보기

① 자주 보는 사람과 더 친해지고, 도움을 주고 받기도 쉽다.
② 말보다는 그 행동이 더욱 중요하다.

91

6 낱말 활용하기

다음 ㉮~㉰ 의 (   )에 알맞은 낱말을 보기에서 찾아 번호를 쓰고, ㉲ 의 질문에 답해 보세요.

㉮ 우리 집의 (   )은 '정직하고 성실하라.' 예요.

㉯ 지금 물을 아껴 쓰지 않으면 나중에는 물이 (   )하게 된대요.

㉰ 길에서 죽어가는 꽃을 파다가 작은 (   )에 옮겨 심었어요.

㉱ 할머니 생신이라 많은 (   )들이 오셨어요.

㉲ '말은 쉬워도 행동이 어렵다.' 는 어떤 경우에 쓰이는 말인지 써 보세요.

→ _____

보기   ① 친척   ② 행동   ③ 가훈   ④ 화목   ⑤ 부족   ⑥ 화분

총 문제 개수 (25) 개 | 총 맞은 개수 (   ) 개 | 총 틀린 개수 (   ) 개

좋은 습관 다지는

글을 읽고 나서 오늘 공부를 신나게 시작하자고!

달걀 먹고 콩 먹고 기억력 쑥쑥!

우리가 많은 정보를 기억할 수 있는 것은 보고 들은 것을 뇌 속에 저장시키기 때문이죠. 우리의 뇌 속에는 '뉴런' 이라고 불리는 수없이 많은 신경 세포가 그물처럼 얽혀져 있어 정보를 뇌로 전달하고 기억을 형성하게 되지요.

이렇게 신경 세포가 정보를 전달할 때는 특별한 신경 전달 물질이 필요해요. 이 물질은 달걀과 콩에 많이 들어 있는 레시틴이 재료가 되어 만들어진답니다. 그러므로 달걀과 콩으로 만든 음식을 꾸준히 먹으면 레시틴이 많이 생겨서 기억력이 쑥쑥 올라가지요.

그런데 어떤 친구는 콩이라면 고개를 절레절레 흔들기도 해요. 콩이 퍽퍽해서 싫은 친구는 두부나 콩과 고소한 땅콩을 넣고 함께 간 땅콩 두유를 먹어 보세요. 맛도 좋고, 두뇌 건강에도 최고랍니다.

머리 풀어주는 퍼즐

도전 시간	걸린 시간
00 분 20 초	분 초

창의사고력 기초 다지기 주의집중력 쑥~

왼쪽과 오른쪽 그림들을 비교하여, 같은 그림이면 ○표, 다른 그림이면 ✕표를 하세요.

같을까? 다를까?

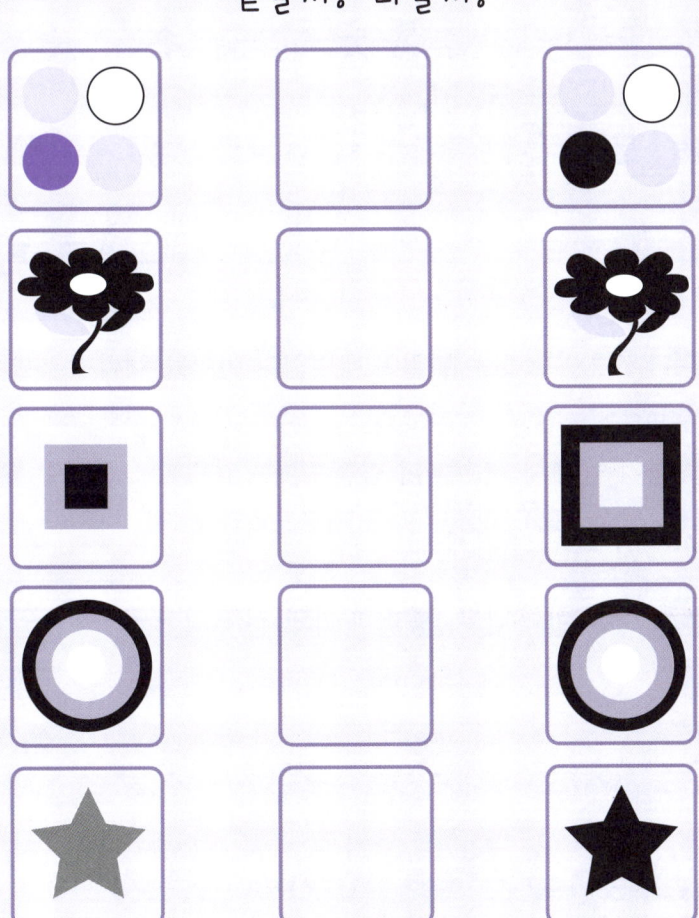

낱말이 쏙 생각이 쑥

1 가로세로 낱말 찾기

다음 네모에서 알고 있는 낱말을 찾아 동그라미를 해 보세요.

여기서 찾은 낱말로 2~6번 문제를 풀어요!

운	동	회	★	처	마
★	작	응	주	먹	손
음	품	원	흥	겹	게
악	이	웃	총	채	★
대	★	종	드	래	기

내가 찾은 낱말 　　개

2 낱말 뜻 알기

다음 설명이나 그림이 뜻하는 낱말이 무엇인지 빈칸을 채워 보세요.

문제 개수 6 개

맞은 개수 　개

틀린 개수 　개

가 운동 경기 등에서 선수들이 힘을 낼 수 있도록 도와주는 일 ······ ☐ ☐

나 매우 흥이 나서 즐겁게 ·················· ☐ ☐ 게

다 짚으로 만든 바구니로, 종다래끼의 사투리 ······ ☐ ☐ 래 기

라 ☐ ☐ 회

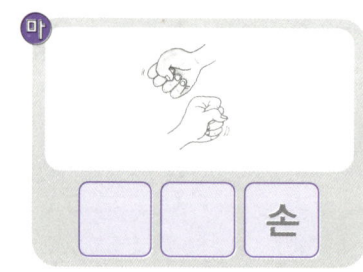

마 ☐ ☐ 손

바 ☐ 채

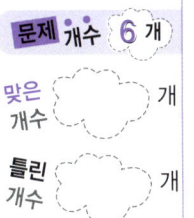
다음에서 비슷한 뜻끼리 짝지어진 것에는 '='로, 반대의 뜻끼리 짝지어진 것에는 '↔'로 나타내거나, 부호에 알맞게 낱말을 채워 보세요.

문제 개수 **4** 개

맞은 개수 _____ 개

틀린 개수 _____ 개

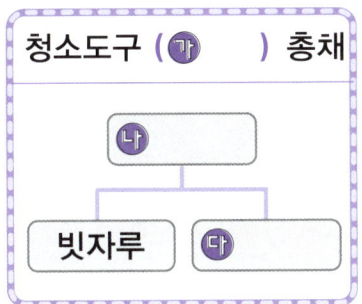

체육대회	=	(가)
동작	(나)	움직임

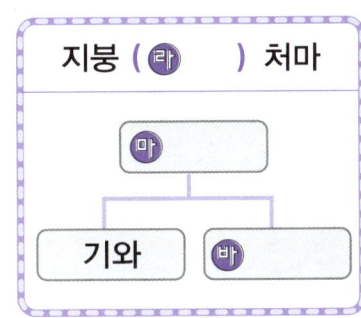

종드래기	(다)	바구니
흥겹게	(라)	신나게

---

4 큰말
작은 말 알기

낱말의 포함 관계에 따라 '<', 또는 '>'로 나타내고, 그림의 위치에 알맞게 낱말을 넣어 보세요.

문제 개수 **6** 개

맞은 개수 _____ 개

틀린 개수 _____ 개

청소도구 (가   ) 총채

나 _____

빗자루   다 _____

지붕 (라   ) 처마

마 _____

기와   바 _____

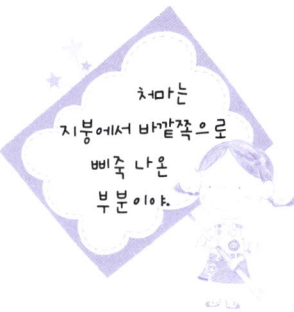

처마는 지붕에서 바깥쪽으로 삐죽 나온 부분이야.

---

5 짝을 이루는
말 찾기

짝을 이루는 말을 찾아 동그라미 하고, 그 말의 뜻을 보기 에서 찾아 번호를 쓰세요.

문제 개수 **4** 개

맞은 개수 _____ 개

틀린 개수 _____ 개

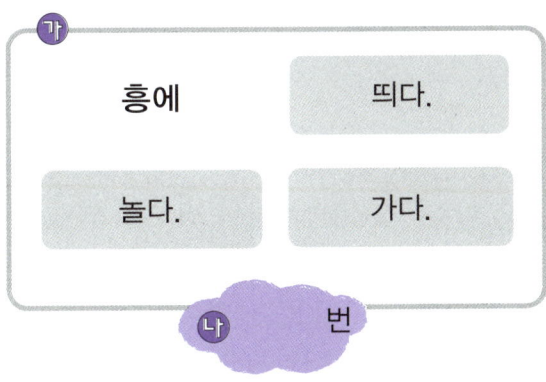

가

흥에   띄다.

놀다.   가다.

나 _____ 번

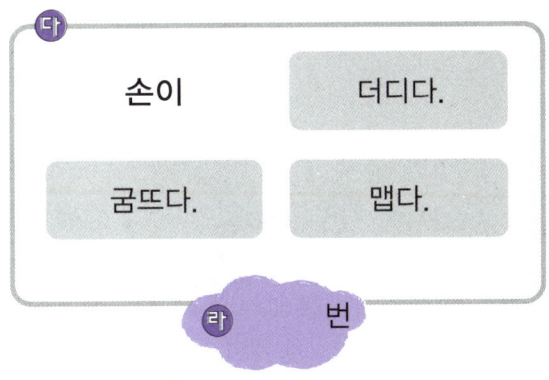

다

손이   더디다.

굼뜨다.   맵다.

라 _____ 번

보기

① 흥에 겨워서 마음이 들뜨다.
② 손으로 슬쩍 때려도 몹시 아프다.

다음 ㉮~㉯의 ( )에 알맞은 낱말을 보기에서 찾아 번호를 쓰고, ㉱의 질문에 답해 보세요.

㉮ 걱정하지 마! 내가 뒤에서 (   )해 줄게.

㉯ '따따따' (   )을 만들어서 나팔 부는 흉내를 내고 있어요.

㉰ 옛날 집에서는 지붕의 (   )로 햇빛을 가리고 비가 들이치지 않도록 했어요.

㉱ 운동회 날, 운동장에 들어서니 (   ) 음악이 울려 퍼지고 있어요.

㉲ '손이 맵다.'를 넣어 스스로 짧은 글을 지어 보세요.

→ _____

보기 ① 음악대   ② 작품   ③ 처마   ④ 흥겨운   ⑤ 응원   ⑥ 주먹손

총 문제 개수 25 개   총 맞은 개수 ◯ 개   총 틀린 개수 ◯ 개

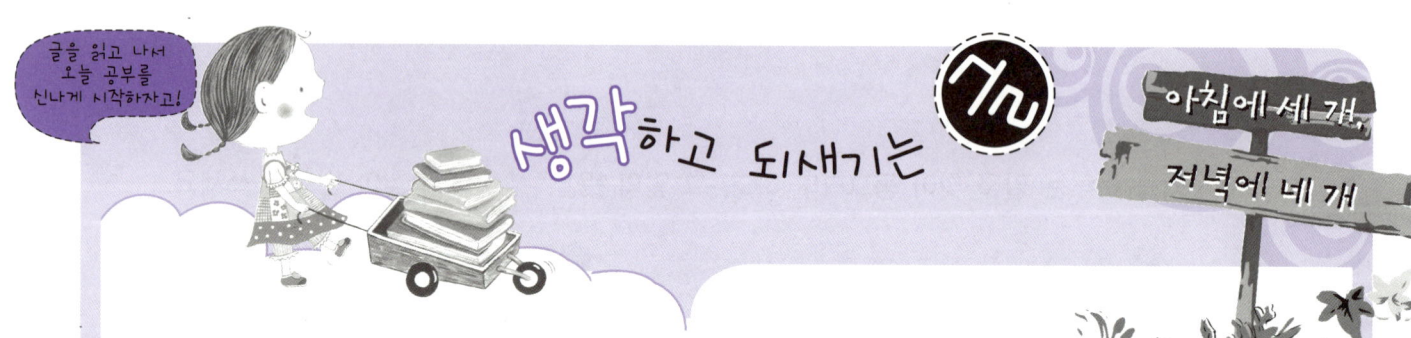

생각하고 되새기는

아침에 세 개, 저녁에 네 개

글을 읽고 나서 오늘 공부를 신나게 시작하자고!

옛날 중국 송나라에 저공이라는 사람이 살고 있었습니다. 저공은 원숭이를 좋아해서 많은 원숭이를 키우고 있었어요. 그런데 워낙 많은 원숭이를 기르다보니 먹이를 주기가 날로 어려워졌습니다. 그래서 저공은 원숭이들에게 이야기했지요.

"이제 너희들에게 바나나를 아침에 세 개, 저녁에 네 개를 줄 생각이란다."

원숭이들은 불같이 화를 냈습니다. 그러자 저공이 꾀를 내었어요.

"그렇다면 아침에 네 개, 저녁에 세 개를 주면 어떻겠니?"

그제야 원숭이들은 박수를 치며 기뻐했다고 합니다. 원숭이들처럼 눈앞의 이익만 보고 어리석은 판단을 내리는 일은 없어야겠죠?

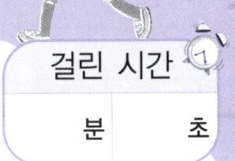

도전 시간	걸린 시간
00 분 30 초	분 초

창의사고력 기초 다지기   연상추리력   쑥~

다음 ❶~❸ 중 보기 의 주사위와 같은 모양을 찾아보세요.

문제1

보기

```
 1
2
```

❶
```
ㄱ
  2
```

❷
```
2
1
```

❸
```
  1
   2
```

[ ] 번

문제2

보기

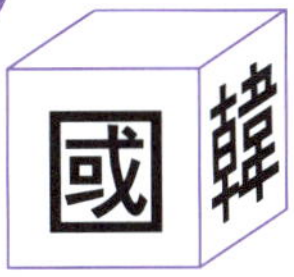

```
國 韓
```

韓 : 나라이름 (한)
國 : 나라 (국)

❶
```
  韓 國
```

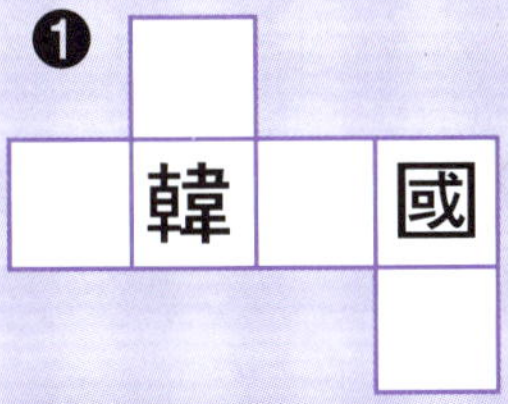

❷
```
    國
     韓
```

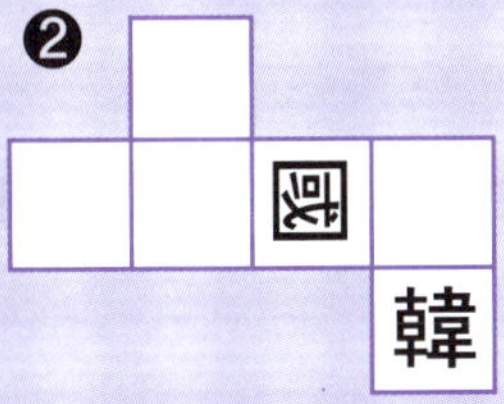

❸
```
  韓
   國
```

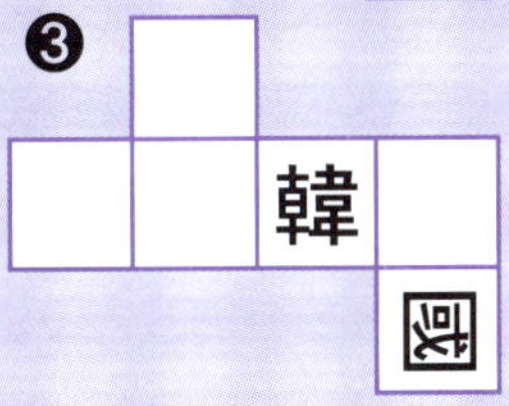

[ ] 번

97

낱말이 쏙 생각이 쑥

도전시간
6 분 30 초

걸린시간
분 초

1 가로세로 낱말 찾기

다음 네모에서 알고 있는 낱말을 찾아 동그라미를 해 보세요.

> 여기서 찾은 낱말로 2~6번 문제를 풀어요!

거	★	도	둑	배	달
름	답	장	달	팽	이
★	전	★	떡	시	루
엽	보	반	가	움	발
서	★	택	배	★	등

내가 찾은 낱말 ⬭ 개

2 낱말 뜻 알기

다음 설명이나 그림이 뜻하는 낱말이 무엇인지 빈칸을 채워 보세요.

문제 개수 6 개

맞은 개수 ⬭ 개

틀린 개수 ⬭ 개

㉮ 발의 위쪽 부분 ············· ☐ 등

㉯ 식물이 잘 자라도록 땅을 기름지게 하기 위하여 주는 물질 ····· ☐ 름

㉰ 종이 한 장에 주고받는 사람의 주소와 내용을 함께 적는 우편물 ·· ☐ ☐

㉱
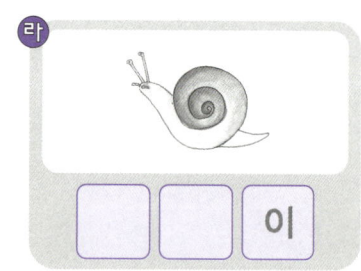
☐ ☐ 이

㉲

떡 ☐ ☐

㉳

☐ ☐

98

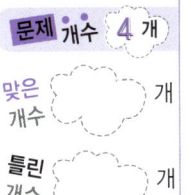

3 비슷한 말 반대말 알기

다음에서 비슷한 뜻끼리 짝지어진 것에는 '='로, 반대의 뜻끼리 짝지어진 것에는 '↔'로 나타내거나, 부호에 알맞게 낱말을 채워 보세요.

퇴비	=	(가)
발등	(나)	발잔등

택배	(다)	집 배달
반가움	(라)	떨떠름함

4 큰 말 작은 말 알기

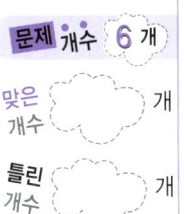

낱말의 포함 관계에 따라 '<', 또는 '>'로 나타내고, 그림의 위치에 알맞게 낱말을 넣어 보세요.

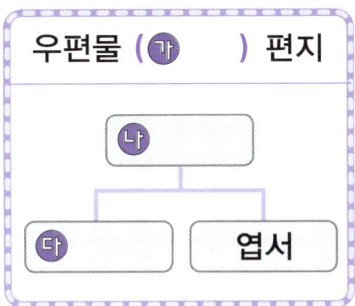

우편물 (가) 편지

나

다 | 엽서

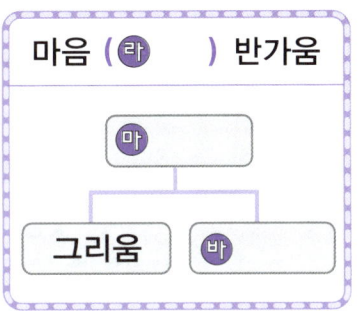

마음 (라) 반가움

마

그리움 | 바

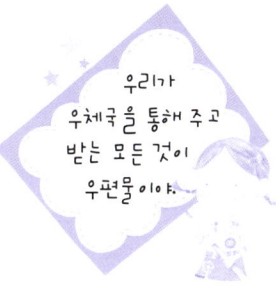

우리가 우체국을 통해 주고 받는 모든 것이 우편물이야.

5 짝을 이루는 말 찾기

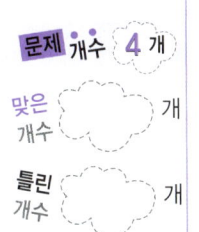

짝을 이루는 말을 찾아 동그라미 하고, 그 말의 뜻을 보기 에서 찾아 번호를 쓰세요.

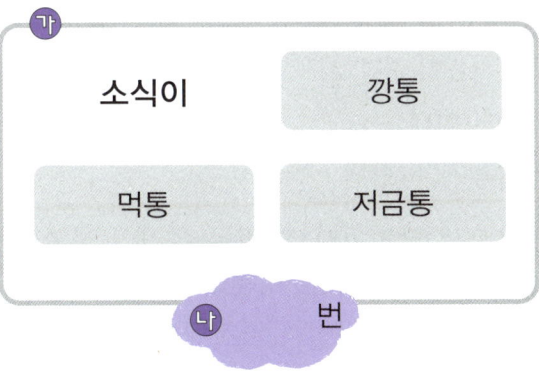

가

소식이　　깡통

먹통　　저금통

나　　　번

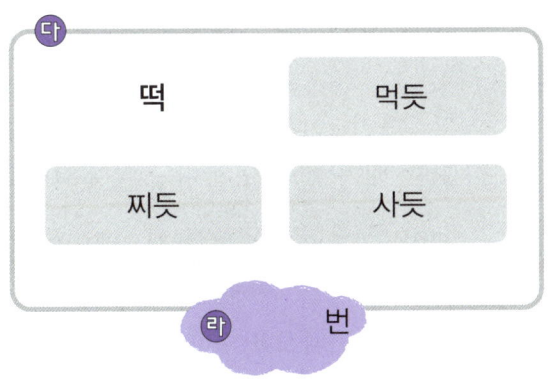

다

떡　　먹듯

찌듯　　사듯

라　　　번

보기

① 소식을 전혀 모름.
② 아무렇지도 않은 듯 쉽게

99

다음 가 ~ 라 의 ( )에 알맞은 낱말을 보기 에서 찾아 번호를 쓰고, 마 의 질문에 답해 보세요.

문제 개수 5 개

맞은 개수 ⬜ 개

틀린 개수 ⬜ 개

가 예전에는 집에서 ( )에 떡을 했지만 요즘은 떡집에 부탁을 하는 경우가 많아요.

나 우체부는 우편물을 각 집으로 ( )하는 일을 해요.

다 프랑스로 여행 간 친구가 멋진 그림 ( )를 보내 주었어요.

라 화단에 예쁜 꽃이 피도록 ( )을 주었어요.

마 '소식이 깡통'은 어떤 경우에 쓰이는 말인지 써 보세요.

→ _____

보기 ① 발등   ② 배달   ③ 반가움   ④ 엽서   ⑤ 거름   ⑥ 떡시루

총 문제 개수 25 개 │ 총 맞은 개수 ◯ 개 │ 총 틀린 개수 ◯ 개

생각하고 되새기는 7교

하얀 눈길을 걷는 마음

글을 읽고 나서 오늘 공부를 신나게 시작하자고!

"눈 덮인 들판을 걸어갈 때 함부로 걷지 말지어다.
오늘 내가 걸어간 발자국은 뒷사람의 이정표가 되리니……."

백범 김구 선생님이 쓰신 〈백범일지〉에 나오는 말입니다. 이렇듯 우리의 옛 어른들은 하얀 눈길 위를 걸을 때에도 몸가짐을 흐트러뜨리지 않았습니다. 비뚤비뚤 엉클어진 마음이 길음걸이에 배어 나오면 뒤따르는 사람의 마음도 함께 비뚤어질까 걱정했던 까닭입니다.

여러분은 어떤 마음으로 학교 생활을 하나요? 여러분의 모든 행동은 곁에 있는 친구와 동생들의 본이 된답니다. 항상 내 뒤를 따라 걷는 사람들을 떠올리며 가장 예쁜 발자국을 찍는 사람이 되세요.

23 회

머리 풀어주는 퍼즐

도전 시간	걸린 시간
00 분 30 초	분 초

창의사고력 기초 다지기 판단능력 쑥~

의 모양을 이용하여 ★ ★ ★ 를 묶어 보세요.

보기

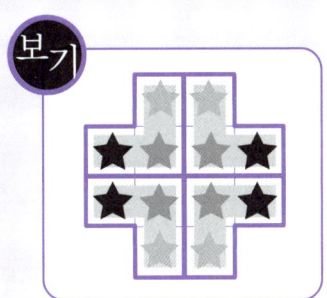

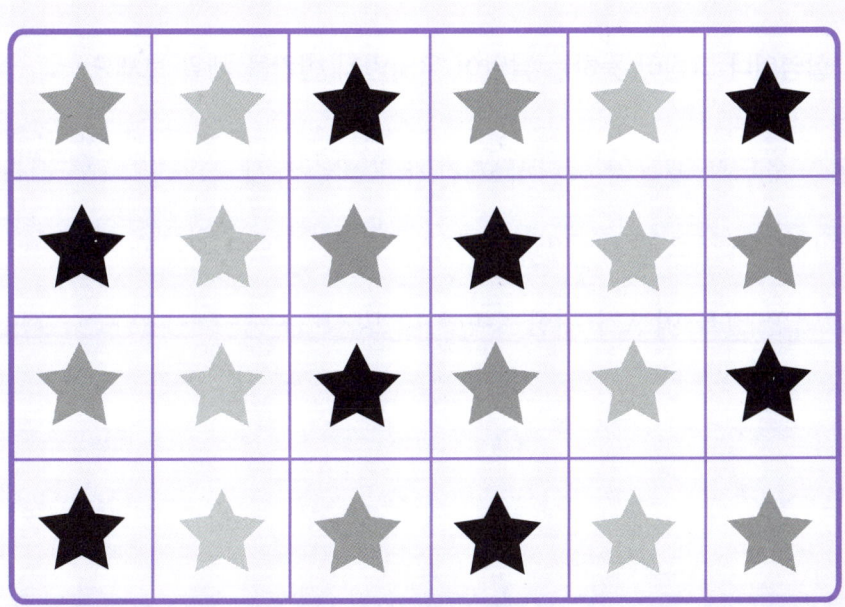

낱말이 쏙 생각이 쑥

1 가로세로 낱말 찾기

다음 네모에서 알고 있는 낱말을 찾아 동그라미를 해 보세요.

여기서 찾은 낱말로 2~6번 문제를 풀어요.

만	골	고	루	어	림
들	실	집	★	울	★
다	제	설	함	림	방
★	고	치	나	★	법
보	살	핌	★	문	제

내가 찾은 낱말 ☁ 개

2 낱말 뜻 알기

다음 설명이나 그림이 뜻하는 낱말이 무엇인지 빈칸을 채워 보세요.

문제 개수 6 개

맞은 개수 ☁ 개

틀린 개수 ☁ 개

가 두루두루 빼놓지 아니하고 같거나 비슷하게 ········· [ ][ ]루

나 대강 짐작으로 헤아림. ··························· [ ]어

다 어떤 일을 이루기 위한 수단이나 방식 ············· [ ]법

라
[ ][ ]기

마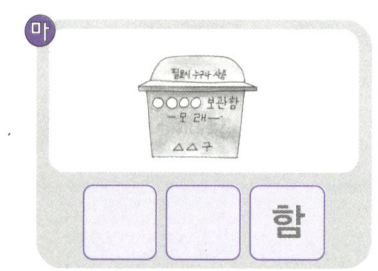
[ ][ ]함

바
[ ]제

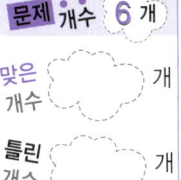
3 비슷한 말 반대말 알기

다음에서 비슷한 뜻끼리 짝지어진 것에는 '='로, 반대의 뜻끼리 짝지어진 것에는 '↔'로 나타내거나, 부호에 알맞게 낱말을 채워 보세요.

문제 개수 **4** 개

맞은 개수 ⬜ 개

틀린 개수 ⬜ 개

고루고루	**=**	(가)
보호	(나)	보살핌

방법	(다)	방안
문제	(라)	답

4 큰 말 작은 말 알기

낱말의 포함 관계에 따라 '<', 또는 '>'로 나타내고, 그림의 위치에 알맞게 낱말을 넣어 보세요.

문제 개수 **6** 개

맞은 개수 ⬜ 개

틀린 개수 ⬜ 개

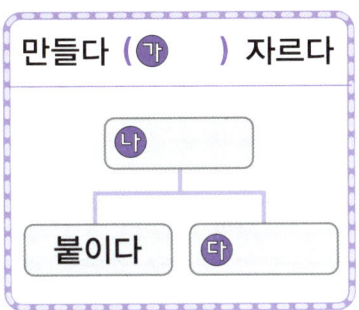

만들다 (가) 자르다

나

붙이다　다

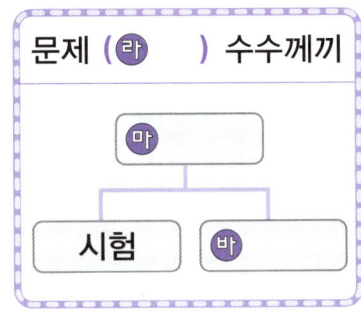

문제 (라) 수수께끼

마

시험　바

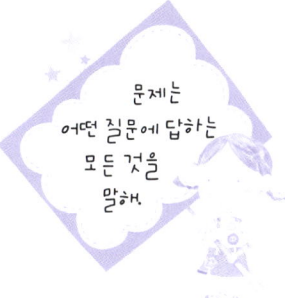

문제는 어떤 질문에 답하는 모든 것을 말해.

5 짝을 이루는 말 찾기

짝을 이루는 말을 찾아 동그라미 하고, 그 말의 뜻을 보기 에서 찾아 번호를 쓰세요.

문제 개수 **4** 개

맞은 개수 ⬜ 개

틀린 개수 ⬜ 개

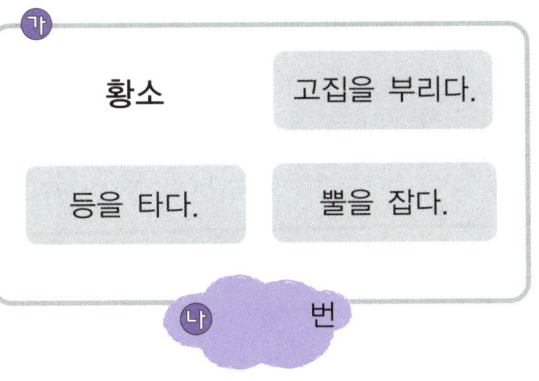

가

황소　고집을 부리다.

등을 타다.　뿔을 잡다.

나　번

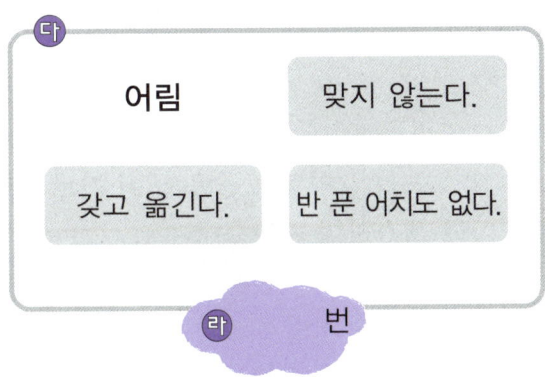

다

어림　맞지 않는다.

갖고 옮긴다.　반 푼 어치도 없다.

라　번

보기
① 끝까지 고집을 부리다.
② 몹시 맞지 않거나 터무니없는 말을 한다.

6 낱말 활용하기 다음 가~라 의 ( )에 알맞은 낱말을 보기 에서 찾아 번호를 쓰고, 마 의 질문에 답해 보세요.

문제 개수 5 개

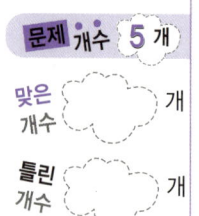

맞은 개수 ___ 개

틀린 개수 ___ 개

가 길에 눈이 쌓이면 사람들은 (   )에서 모래나 약품을 꺼내 길에 뿌려요.

나 시험 (   )가 어려워서 다 풀지는 못했어요.

다 동생은 얼마나 (   )이 센지, 뭐든지 자기 마음대로만 해요.

라 편식하지 말고 (   ) 반찬을 먹어야 몸이 튼튼해져요.

마 '황소고집'을 넣어 짧은 글을 지어 보세요.

→ -----------------------------------

보기 ① 골고루 ② 문제 ③ 제설함 ④ 보살핌 ⑤ 고집 ⑥ 어울림

총 문제 개수 25 개 | 총 맞은 개수 ◯ 개 | 총 틀린 개수 ◯ 개

글을 읽고 나서 오늘 공부를 신나게 시작하자고!

생각하고 되새기는 7교시

닭이 된 독수리

　독수리 한 마리가 알 하나를 실수로 닭 둥지에 떨어뜨리고 말았습니다. 독수리 알을 달걀로 착각한 늙은 암탉은 알을 품어 기르기 시작했지요. 새끼 독수리는 다른 형제 닭처럼 자기도 닭이라 생각하며 자랐습니다.

　어느 날, 새끼 독수리는 멋지게 하늘을 나는 독수리를 보고 부러운 듯이 말했어요.

　"아, 나도 저렇게 자유롭게 날 수 있을까?"

　그러자 다른 닭들이 비웃으며 말했습니다.

　"저기 하늘을 나는 멋진 새는 독수리고 너는 닭이야. 닭 중에서도 덩치가 크고 못생긴 닭이지. 그렇기 때문에 너는 결코 하늘을 날 수 없어."

　닭이 되어 버린 독수리는 평생 동안 하늘을 날지 못했습니다.

머리 풀어주는 퍼즐

도전 시간	걸린 시간
00 분 50 초	분 초

창의사고력 기초 다지기 정보처리능력 쑥~

다음 보기와 같은 순서로 되어 있는 부분을 모두 찾아 동그라미 해 보세요.
(단, 가로 모양만 찾아야 합니다.)

보기

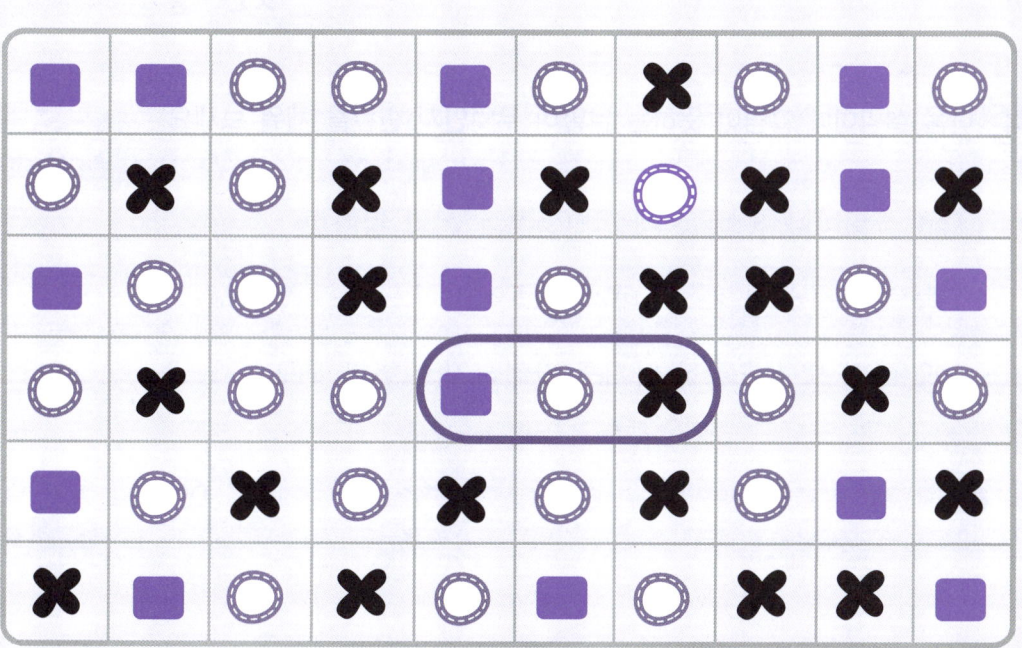

도전시간		걸린시간	
6 분	30 초	분	초

1 가로세로 낱말 찾기

다음 네모에서 알고 있는 낱말을 찾아 동그라미를 해 보세요.

여기서 찾은 낱말로 2~6번 문제를 풀어요!

감	상	★	무	대	★
★	꼬	부	랑	무	방
계	★	나	팔	서	향
이	구	합	★	리	송
름	호	주	머	니	편

내가 찾은 낱말 ☁ 개

2 낱말 뜻 알기

다음 설명이나 그림이 뜻하는 낱말이 무엇인지 빈칸을 채워 보세요.

문제 개수 6 개

맞은 개수 ☁ 개

틀린 개수 ☁ 개

가 그림이나 음악 등 예술 작품을 즐기고 평가함. ········· ☐ 상

나 늦가을에 처음으로 내리는 묽은 서리 ········· ☐ ☐ 리

다 어떤 요구나 주장 따위를 간결하게 표현한 문구 ········· ☐ 호

도레미파~

계 ☐ ☐

☐ 주

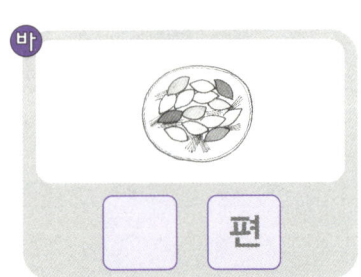

☐ 편

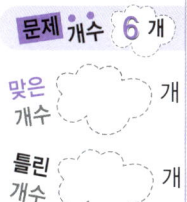

다음에서 비슷한 뜻끼리 짝지어진 것에는 '≒'로, 반대의 뜻끼리 짝지어진 것에는 '↔'로 나타내거나, 부호에 알맞게 낱말을 채워 보세요.

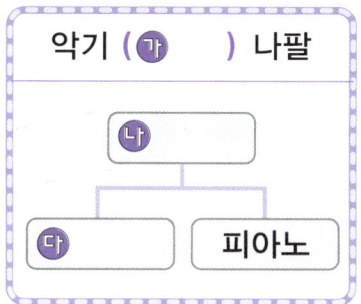

계명	≒	(가)
합주	(나)	독주

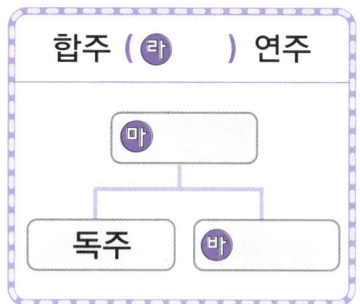

꼬부랑	(다)	곧음
호주머니	(라)	주머니

낱말의 포함 관계에 따라 '<', 또는 '>'로 나타내고, 그림의 위치에 알맞게 낱말을 넣어 보세요.

악기 (가) 나팔

[나]

[다]　피아노

합주 (라) 연주

[마]

독주　[바]

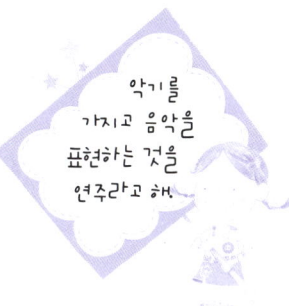

악기를 가지고 음악을 표현하는 것을 연주라고 해.

짝을 이루는 말을 찾아 동그라미 하고, 그 말의 뜻을 보기 에서 찾아 번호를 쓰세요.

가

저금통을　　은행을

호주머니를　　털다.

나　번

다

점잖은　　꼬부랑

곧은　　늙은이

라　번

보기

① 허리가 꼬부라진 늙은이라는 뜻으로, 아주 나이가 많고 늙은 사람
② 가지고 있는 돈을 모두 내놓다.

6 낱말 활용하기

다음 ②~② 의 ( )에 알맞은 낱말을 보기 에서 찾아 번호를 쓰고, ⑩ 의 질문에 답해 보세요.

문제 개수 **5** 개

맞은 개수 ◯ 개

틀린 개수 ◯ 개

② '미레도레솔솔솔' 피아노로 동요 '비행기' 의 ( )을 눌러 보았어요.

④ 가을이 지나고 겨울이 되기 전, 하늘에서 ( )가 내리고 있어요.

⑤ 재능 발표회 날, 나는 친구들과 아코디언으로 ( )를 했어요.

⑥ 엄마는 조용한 분위기에서 음악 ( )하는 것을 즐기세요.

⑩ '호주머니를 털다.' 를 넣어 짧은 글을 지어 보세요.

→ _____

보기 ① 꼬부랑 ② 합주 ③ 계이름 ④ 무서리 ⑤ 감상 ⑥ 무대

총 문제 개수 ◯25◯ 개 │ 총 맞은 개수 ◯ 개 │ 총 틀린 개수 ◯ 개

공부 의욕 다지는 12

노벨상을 꿈꿔요!

글을 읽고 나서 오늘 공부를 신나게 시작하자고!

여러분은 '노벨상' 이란 말을 한 번쯤은 들어봤겠지요? '노벨' 은 그 상을 만든 사람의 이름이에요. 노르웨이에서 태어난 노벨은 다이너마이트를 발명하여 엄청난 부자가 되었지만 좋은 일에 쓰기 위해 만들어진 다이너마이트가 전쟁에 사용되어 많은 사람들을 죽게 하였습니다. 노벨은 크게 상심하여 세계의 평화와 문화를 위해 도움이 될 만한 것을 생각한 끝에 자신의 재산을 기금으로 노벨상을 만들도록 유언을 남겼습니다.

오늘날 노벨상은 세계에서 가장 권위 있는 상이 되었지요. 물리학, 화학, 생리학 및 의학, 문학, 평화, 경제학 등 여섯 분야의 상을 줍니다. 우리나라에서는 김대중 전 대통령이 남북 평화를 이끈 공로로 노벨평화상을 최초로 받으셨어요. 여러분도 미래에 노벨상 수상자를 꿈꾸어 보면 어떨까요?

머리 풀어주는 퍼즐

도전 시간	걸린 시간
00 분 40 초	분 초

창의사고력 기초 다지기 계산능력 쑥~

사다리를 타고 내려가면서, 같은 모양끼리 계산이 이루어지도록 빈칸을 채워 보세요.

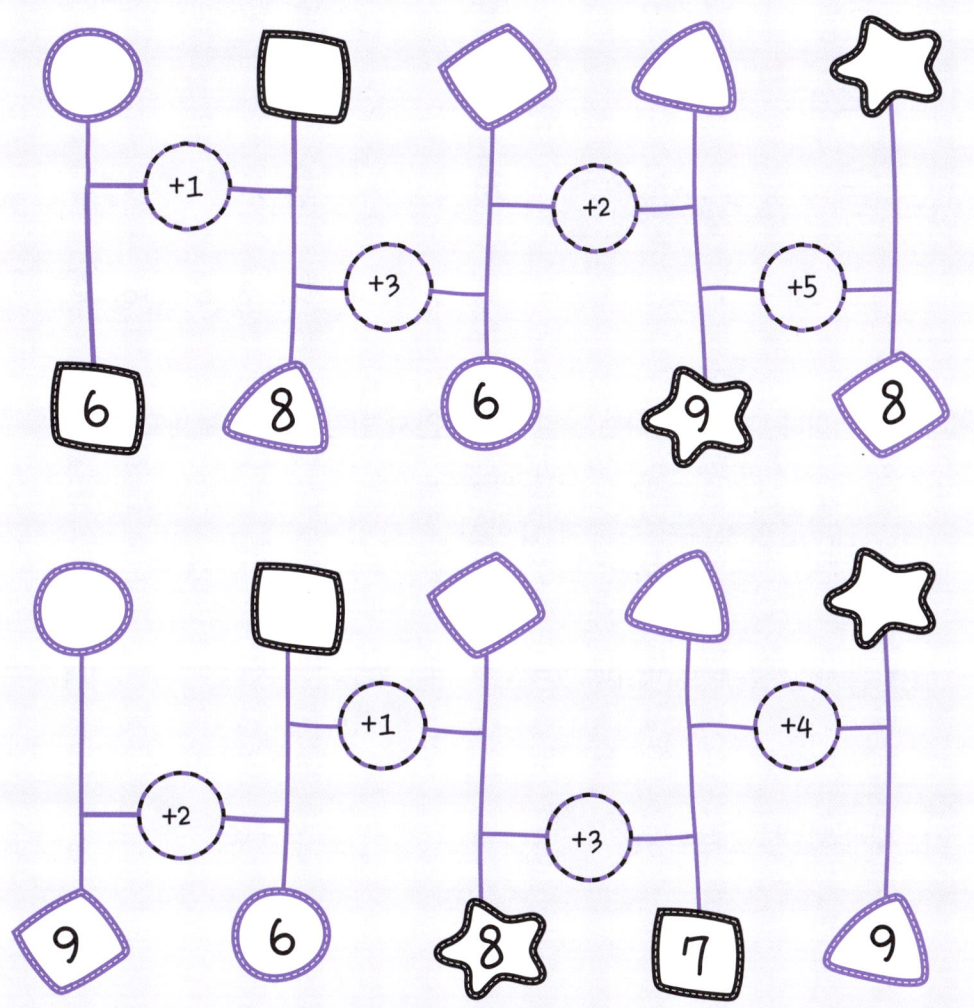

도전시간

| 6 분 | 20 초 |

걸린시간

| 분 | 초 |

1 가로세로 낱말 찾기

다음 네모에서 알고 있는 낱말을 찾아 동그라미를 해 보세요.

여기서 찾은 낱말로 2~6번 문제를 풀어요!

배	고	픔	★	슬	앙
보	심	부	름	그	감
글	뼈	다	귀	머	질
보	★	시	샘	니	★
글	상	처	투	성	이

내가 찾은 낱말 [　] 개

2 낱말 뜻 알기

다음 설명이나 그림이 뜻하는 낱말이 무엇인지 빈칸을 채워 보세요.

문제 개수 **6** 개

맞은 개수 [　] 개

틀린 개수 [　] 개

가 남이 알아차리지 못하게 슬며시 ········· [　] [　] 머 니

나 적은 양의 액체가 야단스럽게 끓는 소리나 모양 ······ [　] 글 [　] 글

다 몹시 애를 태우며 마음을 씀. ·················· [　] 심

라

앙 [　] [　]

마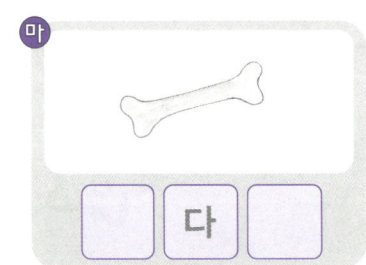

[　] 다 [　]

바

상 처 [　] [　]

110

다음에서 비슷한 뜻끼리 짝지어진 것에는 '='로, 반대의 뜻끼리 짝지어진 것에는 '↔'로 나타내거나, 부호에 알맞게 낱말을 채워 보세요.

외발뛰기	=	(가)
뼈다귀	(나)	살덩이

다시	(다)	거듭
슬그머니	(라)	슬며시

낱말의 포함 관계에 따라 '<', 또는 '>'로 나타내고, 그림의 위치에 알맞게 낱말을 넣어 보세요.

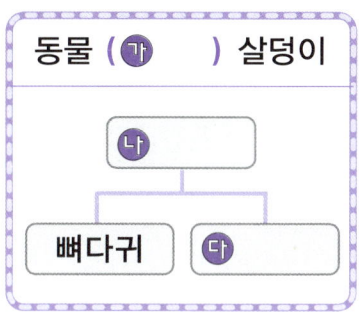

동물 (가) 살덩이

나

뼈다귀 | 다

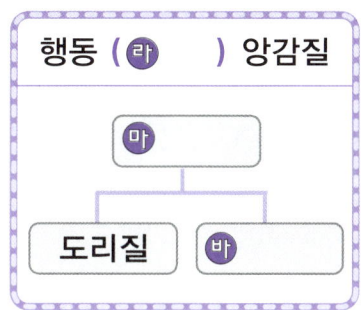

행동 (라) 앙감질

마

도리질 | 바

'질'은 어떤 행동을 낮춰 부르는 말이야.

짝을 이루는 말을 찾아 동그라미 하고, 그 말의 뜻을 보기 에서 찾아 번호를 쓰세요.

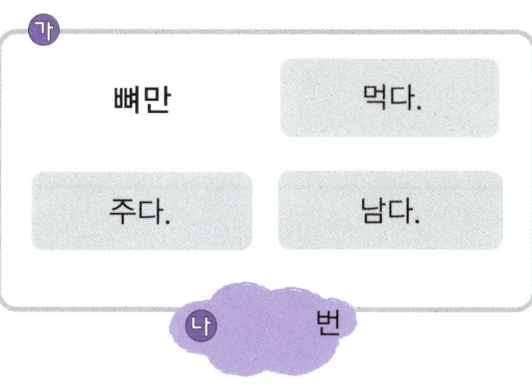

가

뼈만

먹다.

주다.

남다.

나 번

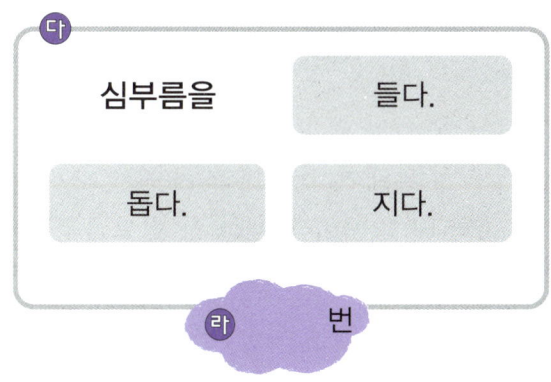

다

심부름을

들다.

돕다.

지다.

라 번

보기

① 곁에 있으면서 심부름을 해 주다.

② 못 먹거나 심하게 앓아 지나치게 마르다.

6 낱말 활용하기

다음 가 ~ 라 의 ( )에 알맞은 낱말을 보기 에서 찾아 번호를 쓰고, 마 의 질문에 답해 보세요.

문제 개수 5 개

맞은 개수 ___ 개

틀린 개수 ___ 개

가 달리기를 좋아하는 나는 무릎이 항상 ( )예요.

나 냄비에서 김치찌개가 ( ) 끓고 있어요.

다 음악에 맞춰 콩콩, 한쪽 발을 들고 ( )을 했어요.

라 누가 심부름을 다녀오겠냐는 엄마 말에 오빠가 ( ) 딴 짓을 해요.

마 '뼈만 남다.'를 넣어 짧은 글을 지어 보세요.

➜ _____

보기 ① 뼈다귀   ② 상처투성이   ③ 슬그머니   ④ 보글보글   ⑤ 앙감질   ⑥ 심부름

총 문제 개수 25 개 | 총 맞은 개수 ___ 개 | 총 틀린 개수 ___ 개

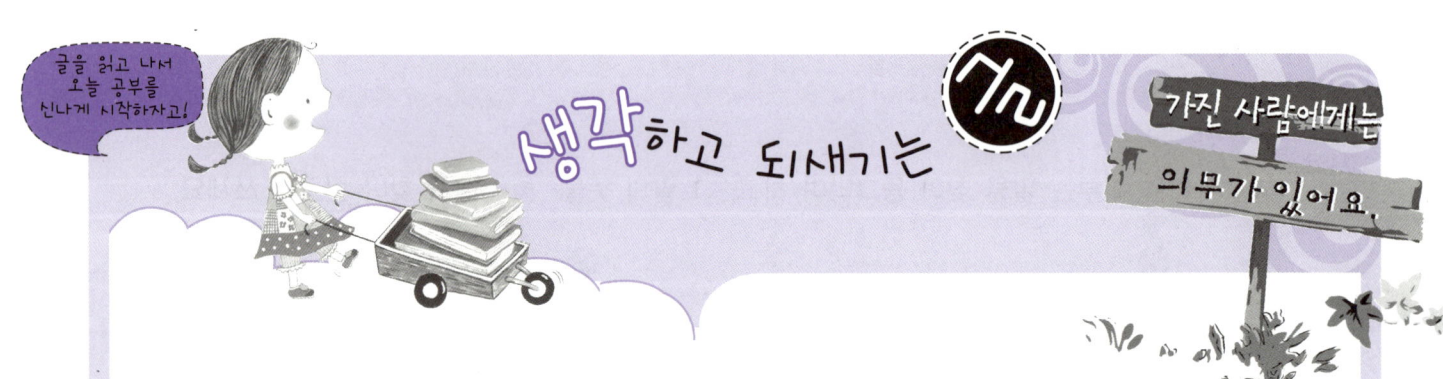

글을 읽고 나서 오늘 공부를 신나게 시작하자고!

생각하고 되새기는

7교시

가진 사람에게는 의무가 있어요.

'노블레스 오블리주'라는 프랑스 말이 있어요. '힘을 가진 사람은 세상의 다른 사람들을 위하여 무언가를 해야 할 의무가 있다.'라는 생각이 담긴 말이지요. 다른 사람들로부터 존경을 받는 위치에 있으면 어떤 형태로든 그가 받은 존경의 몫을 사회에 되돌려 주어야 합니다. 그것이 힘 있는 사람의 책임이에요.

세계에서 제일가는 부자로 이름난 빌 게이츠는 가난한 사람들과 소외된 사람들을 위한 자선 사업가로도 유명하지요. 또한 조선 시대 300년간 부를 지켜오면서 수많은 이웃을 보살핀 경주의 최 부잣집은 노블레스 오블리주를 실천한 가문으로 유명합니다.

26회

머리 풀어주는 퍼즐

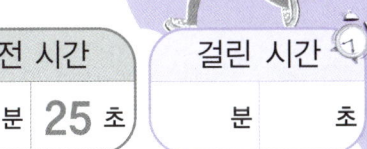

창의사고력 기초 다지기　주의집중력　쑥~

다음 보기 와 같은 그림을 ❶~❽에서 골라 번호를 쓰세요.

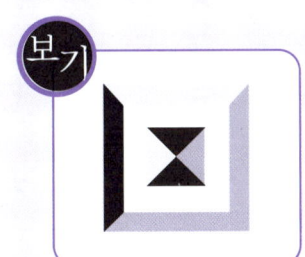

보기

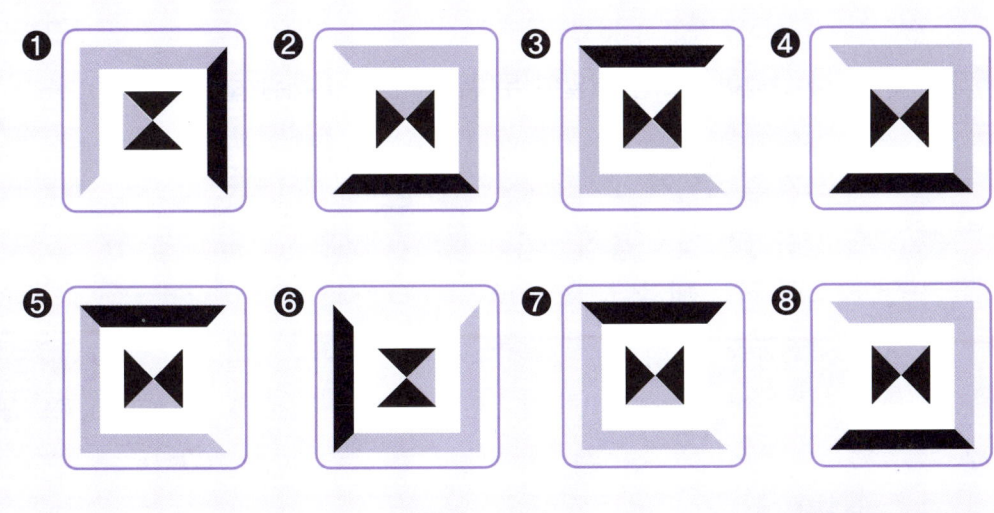

번

도전시간
8 분 00 초

걸린시간
분 초

1 가로세로 낱말 찾기

다음 네모에서 알고 있는 낱말을 찾아 동그라미를 해 보세요.

여기서 찾은 낱말로 2~6번 문제를 풀어요!

정	리	★	보	호	관
★	혼	가	습	기	찰
여	자	★	관	심	★
럿	★	물	건	포	도
이	함	께	★	체	조

내가 찾은 낱말  개

2 낱말 뜻 알기

다음 설명이나 그림이 뜻하는 낱말이 무엇인지 빈칸을 채워 보세요.

문제 개수 **6** 개

맞은 개수 ⬡ 개

틀린 개수 ⬡ 개

㉮ 어지른 것을 치워서 질서 있는 상태가 되게 함. ………… ☐ ☐

㉯ 새롭고 신기한 것을 좋아하거나 모르는 것을 알고 싶어 하는 마음 …………………… ☐ ☐ 심

㉰ 일정한 모양을 갖춘 모든 물질 ………………… ☐ 건

㉱  ☐ 찰

㉲  ☐ 조

㉳  ☐ ☐ 기

114

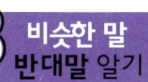

다음에서 비슷한 뜻끼리 짝지어진 것에는 '='로, 반대의 뜻끼리 짝지어진 것에는 '↔'로 나타내거나, 부호에 알맞게 낱말을 채워 보세요.

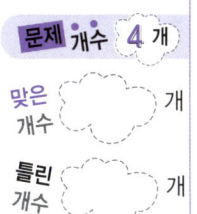

문제 개수 4 개

맞은 개수 　 개

틀린 개수 　 개

| 같이 | = | (가 　 　) |
| 정리 | (나 　) | 어지르기 |

| 가습기 | (다 　) | 건조기 |
| 관심 | (라 　) | 흥미 |

4 큰 말
작은 말 알기

낱말의 포함 관계에 따라 '<', 또는 '>'로 나타내고, 그림의 위치에 알맞게 낱말을 넣어 보세요.

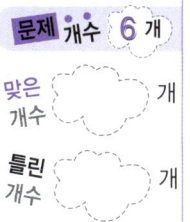

문제 개수 6 개

맞은 개수 　 개

틀린 개수 　 개

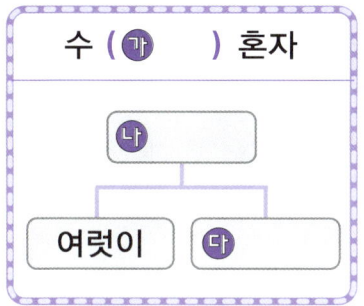

수 (가 　) 혼자

나

여럿이　ㅣ　다

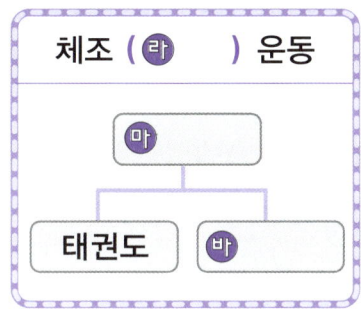

체조 (라 　) 운동

마

태권도　ㅣ　바

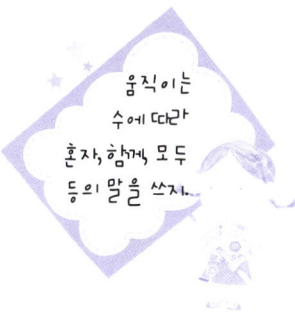

움직이는 수에 따라 혼자, 함께, 모두 등의 말을 쓰지.

짝을 이루는 말 찾기

짝을 이루는 말을 찾아 동그라미 하고, 그 말의 뜻을 보기 에서 찾아 번호를 쓰세요.

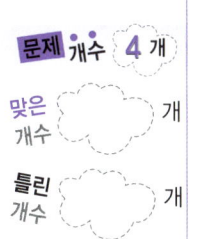

문제 개수 4 개

맞은 개수 　 개

틀린 개수 　 개

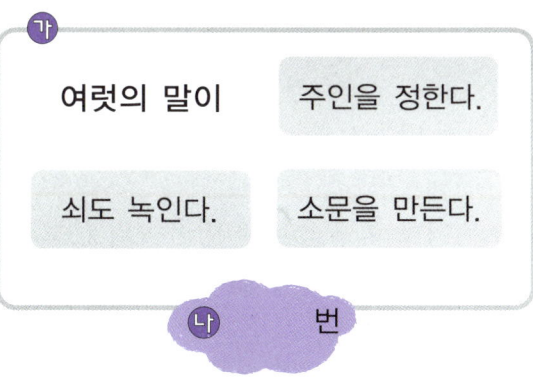

가

여럿의 말이　　주인을 정한다.

쇠도 녹인다.　　소문을 만든다.

나 　 번

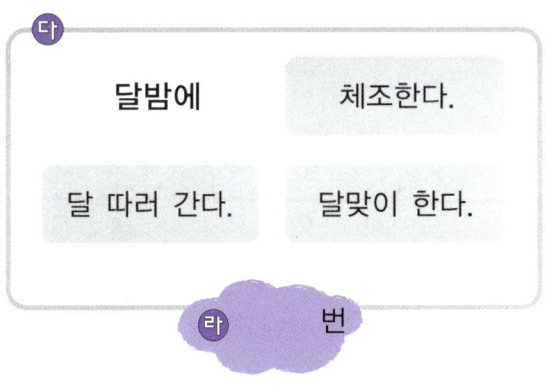

다

달밤에　　체조한다.

달 따러 간다.　　달맞이 한다.

라 　 번

보기
① 격에 맞지 않은 짓을 하다.
② 여러 사람이 함께 모여 의견을 합치면 무서운 힘을 낼 수 있다.

6 낱말 활용하기

다음 ㉮~㉲ 의 ( )에 알맞은 낱말을 보기 에서 찾아 번호를 쓰고, ㉳ 의 질문에 답해 보세요.

문제 개수 **5** 개

맞은 개수 ◯ 개

틀린 개수 ◯ 개

㉮ 친구들 (   ) 함께 생일 잔치에 오기로 했어요.

㉯ 저는 (   )이 많아서 새로운 것을 보면 쉽게 눈을 떼지 못해요.

㉰ 오랜만에 책상 (   )를 했더니 마음까지 깨끗해진 것 같아요.

㉱ 토마토가 자라는 것을 (   )하고 일기에 적어 두었어요,

㉲ '물건'을 넣어 짧은 글을 지어 보세요.

→ _____

보기   ① 정리   ② 호기심   ③ 물건   ④ 함께   ⑤ 여럿이   ⑥ 관찰

총 문제 개수 (25) 개   총 맞은 개수 ◯ 개   총 틀린 개수 ◯ 개

누군가를 닮고 싶다는 마음은 사람을 변화하게 만들지요. 그래서 존경할 만한 사람을 본보기로 삼는 것은 참 중요합니다.

축구 선수가 꿈인 친구는 박지성 선수처럼 뛰어난 축구 스타를 마음속의 본보기로 삼는 것도 좋아요. 그의 생각, 그의 행동, 그가 걸었던 길을 차근차근 뒤따르면 언젠가 여러분도 꿈을 이루게 될 거예요.

중요한 것은 '어떤' 사람을 본보기로 삼느냐는 것입니다. 뛰어난 실력과 함께 따뜻한 인간미, 그리고 훌륭한 인품까지 갖춘 분을 찾아야 해요.

책 속에서, 바로 여러분의 주위에서 본받을 만한 사람을 한번 찾아보세요.

머리 풀어주는 퍼즐

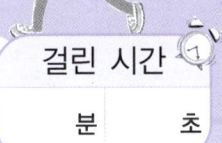

도전 시간	걸린 시간
00 분 30 초	분 초

창의사고력 기초 다지기   연상추리력   쓱~

숫자의 개수만큼 위, 아래, 대각선에 폭탄이 숨겨져 있습니다. 폭탄이 있는 칸에 ×표 하세요.

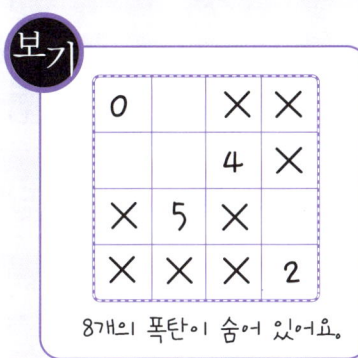

보기

0		×	×
		4	×
×	5	×	
×	×	×	2

8개의 폭탄이 숨어 있어요.

문제1

	3		2
3	5		2
		3	
3			0

6개의 폭탄이 숨어 있어요.

문제2

0			
		3	
	3		
			0

6개의 폭탄이 숨어 있어요.

낱말이 쏙 생각이 쑥

1 가로세로 낱말 찾기

다음 네모에서 알고 있는 낱말을 찾아 동그라미를 해 보세요.

여기서 찾은 낱말로 2~6번 문제를 풀어요!

민	고	누	윷	놀	이
속	한	복	옷	★	대
놀	★	저	고	리	님
이	옷	깃	름	투	호
강	강	술	래	버	선

내가 찾은 낱말 ⬭ 개

2 낱말 뜻 알기

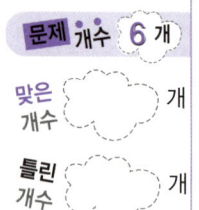

다음 설명이나 그림이 뜻하는 낱말이 무엇인지 빈칸을 채워 보세요.

가 남자 한복에서 바지의 끝 쪽을 접어서 발목을 졸라매는 끈 ····· [　] 님

나 저고리, 두루마기의 목 부분에 대어 앞을 여밀 수 있도록 한 부분 ·· [　][　]

다 땅이나 종이에 말밭을 그리고 편을 갈라 말을
많이 따거나 길을 막는 놀이 ······················· [　] 누

라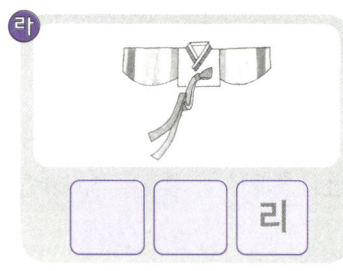
[　][　] 리

마
[　][　][　] 래

바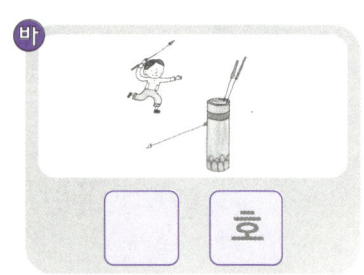
[　] 호

3 비슷한 말
반대말 알기

다음에서 비슷한 뜻끼리 짝지어진 것에는 '='로, 반대의 뜻끼리 짝지어진 것에는 '↔'로 나타내거나, 부호에 알맞게 낱말을 채워 보세요.

양복	↔	(가)
윷놀이	(나)	척사

저고리	(다)	바지
민속놀이	(라)	전통놀이

4 큰 말
작은 말 알기

낱말의 포함 관계에 따라 '<', 또는 '>'로 나타내고, 그림의 위치에 알맞게 낱말을 넣어 보세요.

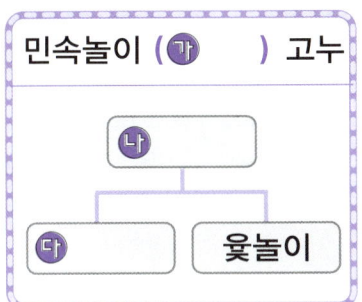

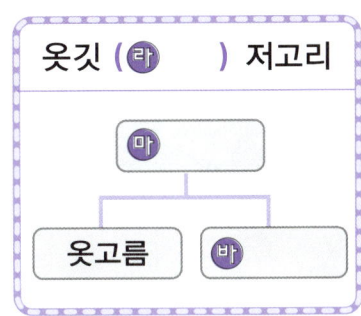

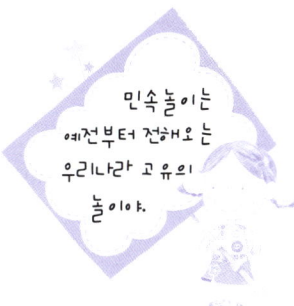

민속놀이는 예전부터 전해오는 우리나라 고유의 놀이야.

5 짝을 이루는 말 찾기

짝을 이루는 말을 찾아 동그라미 하고, 그 말의 뜻을 보기에서 찾아 번호를 쓰세요.

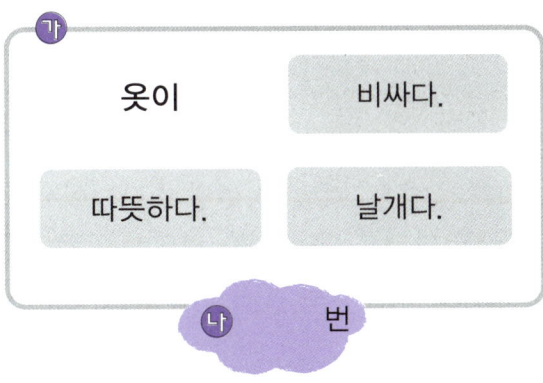

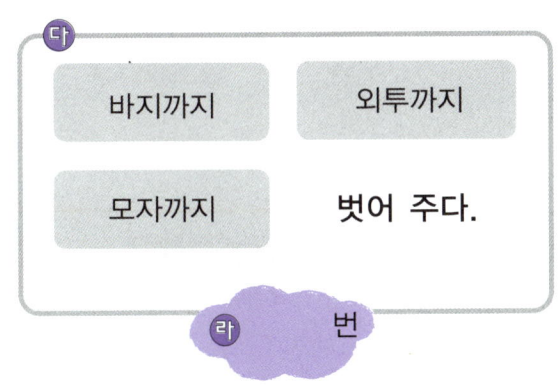

보기
① 도저히 양보할 수 없는 것까지 모든 것을 다 넘겨주다.
② 옷이 좋으면 사람도 돋보인다.

다음 가~라 의 ( )에 알맞은 낱말을 보기 에서 찾아 번호를 쓰고, 마 의 질문에 답해 보세요.

문제 개수 5 개

맞은 개수 ⬜ 개

틀린 개수 ⬜ 개

가 설날 온 가족이 모여 ( )를 했어요.

나 ( )는 여러 사람이 손을 잡고 빙글빙글 도는 놀이예요.

다 한복 저고리에 달린 ( )은 여러 가지 방법으로 맬 수 있어요.

라 결혼식장에 들어가기 전 삼촌은 ( )을 바로잡았어요.

마 '옷이 날개' 라는 말은 어떤 경우에 쓰는 말인지 써 보세요.

→ _____

보기 ① 저고리 ② 강강술래 ③ 한복 ④ 옷깃 ⑤ 옷고름 ⑥ 윷놀이

총 문제 개수 25 개 | 총 맞은 개수 ◯ 개 | 총 틀린 개수 ◯ 개

마음에 힘이 되는 시

지련은 있어도 실패는 없다.

글을 읽고 나서 오늘 공부를 신나게 시작하자고!

여러분이 잘 아는 유명한 그룹 '현대'를 만드신 분은 고(故) 정주영 회장님이세요. 이 분은 겨우 열다섯의 나이에 집에서 키우던 누렁 소 한 마리를 팔아 집을 나와서 갖은 고생을 하며 장사를 했지요. 처음엔 구멍가게처럼 작은 곳이었지만, 조금씩 늘려서 지금은 우리나라에서도 손꼽히는 재벌 그룹의 총수가 되었지요.

그 분의 좌우명이 바로 '시련은 있어도 실패는 없다' 입니다. 시련이란 해결하기 힘들고 어려운 고비를 말합니다. 시련이 닥치면 매우 괴롭고 힘들겠지만, 그 힘든 고비를 넘기고 일어서면 진짜 멋진 사람이 될 수 있습니다.

28회

머리 풀어주는 퍼즐

도전 시간	걸린 시간
00 분 30 초	분 초

창의사고력 기초 다지기 판단능력 쑥~

표시된 숫자의 개수만큼 칸을 나누어 4개의 사각형을 만들어 보세요.
(단, 한 칸도 남으면 안 됩니다.)

보기

문제1

문제2

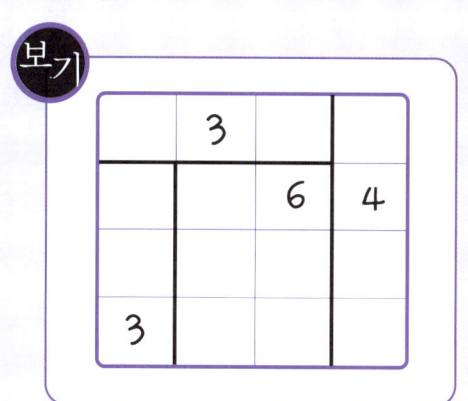

문제3

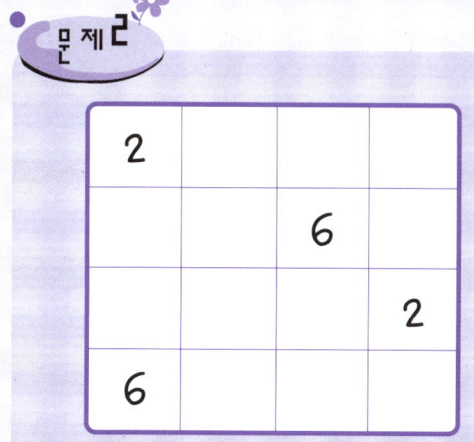

낱말이 쏙 생각이 쑥

1 가로세로 낱말 찾기

여기서 찾은 낱말로 2~6번 문제를 풀어요!

다음 네모에서 알고 있는 낱말을 찾아 동그라미를 해 보세요.

★	부	리	헛	학	자
외	화	살	간	문	★
딴	쟁	반	★	편	식
집	★	저	물	다	★
잽	싸	게	제	자	리

내가 찾은 낱말 ⬚ 개

2 낱말 뜻 알기

다음 설명이나 그림이 뜻하는 낱말이 무엇인지 빈칸을 채워 보세요.

문제 개수 6 개

맞은 개수 ⬚ 개

틀린 개수 ⬚ 개

㉮ 어떤 특정한 음식만을 가려서 즐겨 먹음. ……… ⬚ 식

㉯ 동작이 매우 빠르고 날래게 ……… ⬚ 게

㉰ 학문에 대해 잘 알거나 그것을 공부하는 사람 ……… ⬚ 자

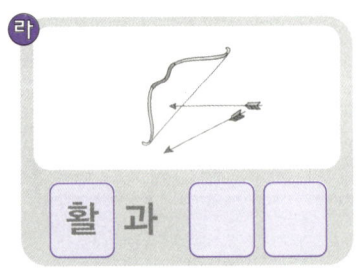

㉱ 활 과 ⬚ ⬚

㉲ 부 ⬚

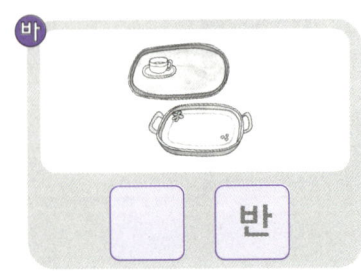

㉳ ⬚ 반

다음에서 비슷한 뜻끼리 짝지어진 것에는 '＝'로, 반대의 뜻끼리 짝지어진 것에는 '↔'로 나타내거나, 부호에 알맞게 낱말을 채워 보세요.

빠르게	＝	(가)
저물다	(나)	동트다

화살	(다)	살
외딴집	(라)	마을

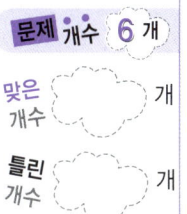
낱말의 포함 관계에 따라 '＜', 또는 '＞'로 나타내고, 그림의 위치에 알맞게 낱말을 넣어 보세요.

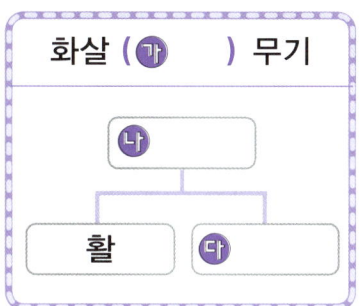

화살 (가) 무기

(나)

활 | (다)

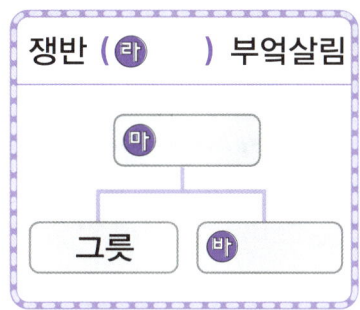

쟁반 (라) 부엌살림

(마)

그릇 | (바)

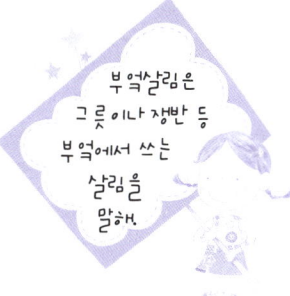

부엌살림은 그릇이나 쟁반 등 부엌에서 쓰는 살림을 말해.

짝을 이루는 말을 찾아 동그라미 하고, 그 말의 뜻을 [보기]에서 찾아 번호를 쓰세요.

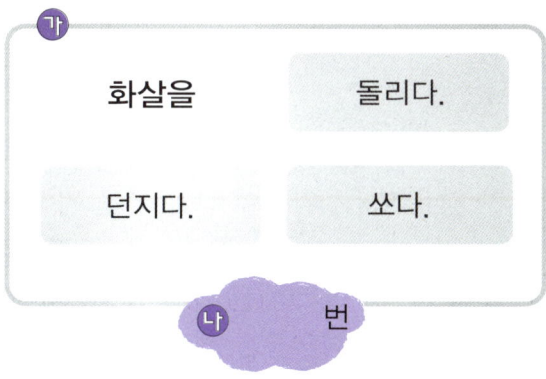

가

화살을   돌리다.

던지다.   쏘다.

(나) 번

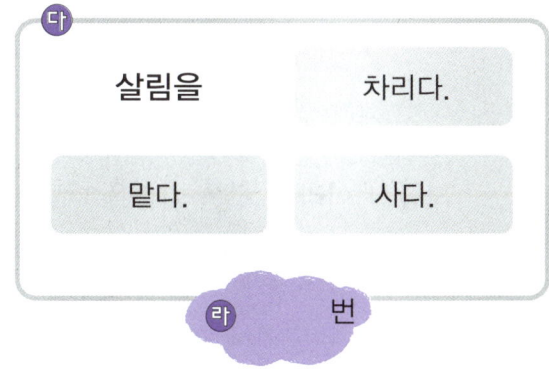

다

살림을   차리다.

맡다.   사다.

(라) 번

[보기]

① 꾸중이나 공격 따위를 다른 쪽으로 돌리다.

② 어떤 일이나 집안 살림을 도맡아서 처리하다.

6 낱말 활용하기

다음 **가 ~ 라** 의 ( )에 알맞은 낱말을 보기 에서 찾아 번호를 쓰고, **마** 의 질문에 답해 보세요.

문제 개수 **5** 개

맞은 개수 ◯ 개

틀린 개수 ◯ 개

가 상대편에게서 ( ) 공을 빼낸 선수가 골대로 공을 몰고 갔어요.

나 과일을 ( )에 담아 거실로 갔어요.

다 천 원짜리에 그려진 퇴계 이황은 우리나라를 대표하는 ( )예요.

라 시간 가는 줄 모르고 놀다 보니 이미 날이 ( ).

마 '편식'을 넣어 짧은 글을 지어 보세요.

→ _____

보기   ① 잽싸게   ② 학자   ③ 편식   ④ 저물었다   ⑤ 쟁반   ⑥ 부리

총 문제 개수 (25) 개 | 총 맞은 개수 ◯ 개 | 총 틀린 개수 ◯ 개

생각하고 되새기는

자긍심을 가져요!

'자긍심'이라는 것은 이름을 더럽히고 싶지 않은 마음, 자신이 그 이름을 가진 것에 대한 기쁨이라고도 말할 수 있어요. 여러분은 누가 여러분의 이름을 불러주면 자랑스러운가요? 만약 불명예스러운 일이나 부끄러운 일에 이름이 불린다면 그때는 몹시 속상하겠지요?

여러분이 누군가에게 괴롭힘을 당하고 늘 그 아이의 심부름을 해야 한다고 합시다. 바로 그때, '네가 직접 하면 되잖아.' 혹은 '그것은 옳지 못해!'라고 말할 수 있는 것이 자긍심입니다. 자신이 옳다고 생각하는 것을 분명히 말할 수 있는 당당함, 자신의 이름을 소중히 여기고 명예를 지키는 삶의 방식, 그것이 바로 자긍심을 지키는 일이랍니다.

머리 풀어주는

도전 시간	걸린 시간
00 분 20 초	분 초

창의사고력 기초 다지기 정보처리능력 쑥~

다음 보기 처럼  을 움직여 다음 모양을 채워 보세요.

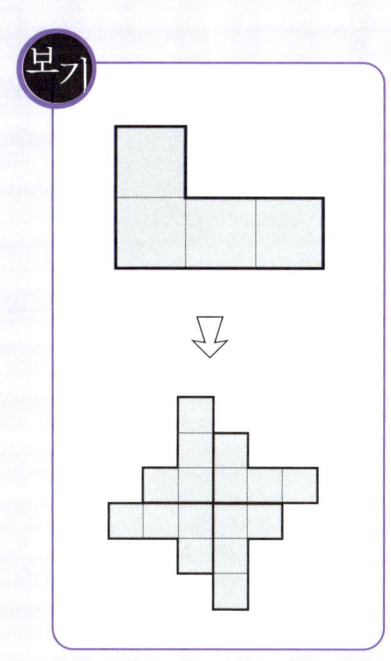

낱말이 쏙 생각이 쑥

1 가로세로 낱말 찾기

다음 네모에서 알고 있는 낱말을 찾아 동그라미를 해 보세요.

여기서 찾은 낱말로 2~6번 문제를 풀어요!

재	다	★	정	확	한
비	★	가	까	이	멀
슷	얼	마	나	★	리
하	운	동	장	갑	어
다	애	쓰	다	★	카

내가 찾은 낱말 ___ 개

2 낱말 뜻 알기

다음 설명이나 그림이 뜻하는 낱말이 무엇인지 빈칸을 채워 보세요.

문제 개수 6 개

맞은 개수 ___ 개

틀린 개수 ___ 개

㉮ 마음과 힘을 다하여 무엇을 이루려고 힘쓰다. .... 애 [ ] [ ]

㉯ 바르고 확실한 .... [ ] [ ] 한

㉰ 두 개 이상 어떤 것이 서로 닮은 점을 가지고 있다. ... [ ] [ ] 하 다

㉱ 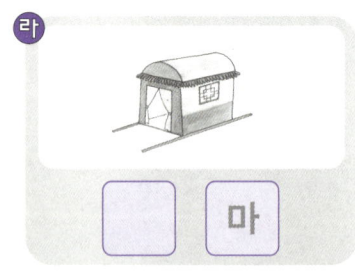 [ ] 마

㉲  [ ] 장

㉳  [ ] 카

126

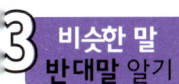
3 비슷한 말 반대말 알기

문제 개수 4 개

맞은 개수 ⬜ 개

틀린 개수 ⬜ 개

다음에서 비슷한 뜻끼리 짝지어진 것에는 '='로, 반대의 뜻끼리 짝지어진 것에는 '↔'로 나타내거나, 부호에 알맞게 낱말을 채워 보세요.

손수레	=	(가)
멀리	(나)	가까이

정확한	(다)	틀린
애쓰다	(라)	노력하다

4 큰 말 작은 말 알기

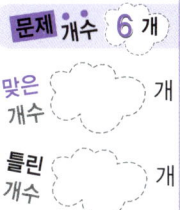

문제 개수 6 개

맞은 개수 ⬜ 개

틀린 개수 ⬜ 개

낱말의 포함 관계에 따라 '<', 또는 '>'로 나타내고, 그림의 위치에 알맞게 낱말을 넣어 보세요.

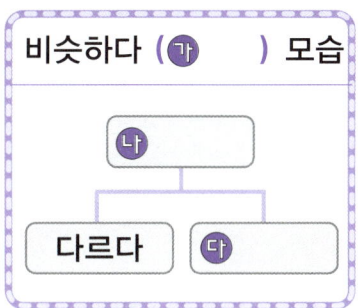

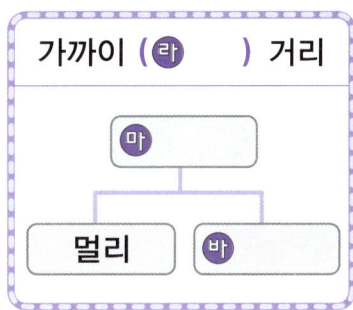

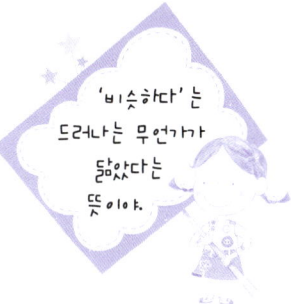

'비슷하다'는 드러나는 무언가 닮았다는 뜻이야.

5 짝을 이루는 말 찾기

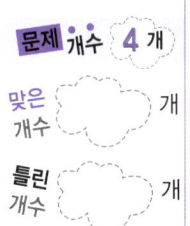

문제 개수 4 개

맞은 개수 ⬜ 개

틀린 개수 ⬜ 개

짝을 이루는 말을 찾아 동그라미 하고, 그 말의 뜻을 보기 에서 찾아 번호를 쓰세요.

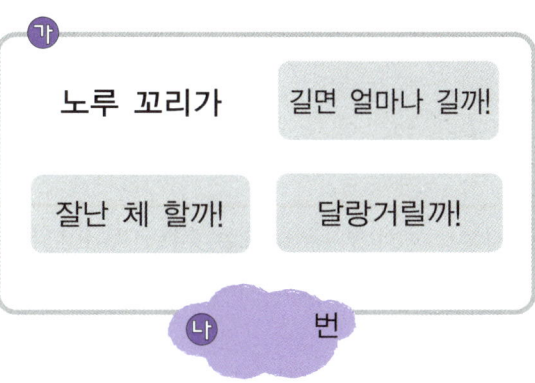

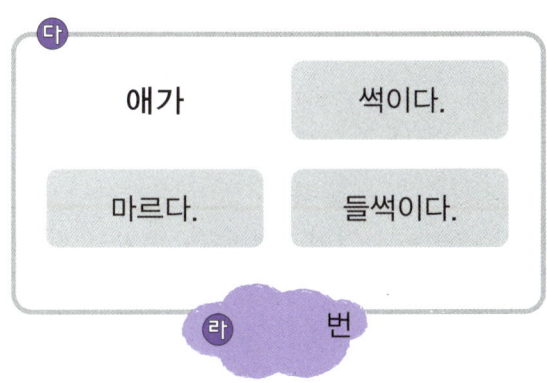

보기

① 보잘것없는 재주를 지나치게 믿음을 비웃는 말

② 몹시 안타깝고 초조하여 속이 상함.

다음 ㉮ ~ ㉣ 의 ( )에 알맞은 낱말을 보기 에서 찾아 번호를 쓰고, ㉤ 의 질문에 답해 보세요.

㉮ 이번 시험에는 점수를 올리려고 ( ) 자랑스러운 나!

㉯ 예전에는 신부들이 ( )를 타고 시집을 갔어요.

㉰ 동생과 제가 ( ) 생김새를 가졌대요.

㉱ 점심을 먹은 아이들은 ( )에서 뛰어 놀았어요.

㉲ '얼마나'를 넣어 짧은 글을 지어 보세요.

→ _____

보기 ① 가마 ② 애쓰는 ③ 운동장 ④ 얼마나 ⑤ 정확한 ⑥ 비슷한

총 문제 개수 **25** 개 │ 총 맞은 개수 ◯ 개 │ 총 틀린 개수 ◯ 개

생각하고 되새기는

이름 없는 영웅들

여러분은 '멋있다'는 말에서 어떤 것을 떠올리나요? 화려한 것, 유명한 것, 칭찬받고 인기 있는 것, 돈을 많이 벌어서 부자가 되는 것?

확실히 이런 사람들은 멋있는 사람이 맞지요. 하지만 눈에 띄는 사람만이 모두 멋있는 사람은 아니랍니다. 만약 여러분이 눈에 띄는 사람이 아니라고 해서 자신을 멋지지 않다고 생각한다면, 그것은 정말 잘못된 생각이에요.

유명한 사람들 뒤에는 언제나 말없이 그를 돌봐 주는 사람들이 있다는 사실을 잊어서는 안 돼요. 우리는 프랑스의 에펠탑을 만든 설계자 '에펠'의 이름은 기억하지만, 그 탑을 만들기 위해 애쓴 기술자들과 노동자들의 이름은 기억하지 못하지요. 유명한 이름은 혼자에게 붙여지는 것이 아니랍니다. 그 뒤에는 이름 없는 영웅들이 숨어 있다는 사실을 잊지 마세요.

30회

머리 풀어주는

창의사고력 기초 다지기 계산능력 쑥~

사다리를 타고 내려가면서, 같은 모양끼리 계산이 이루어지도록 빈칸을 채워 보세요.

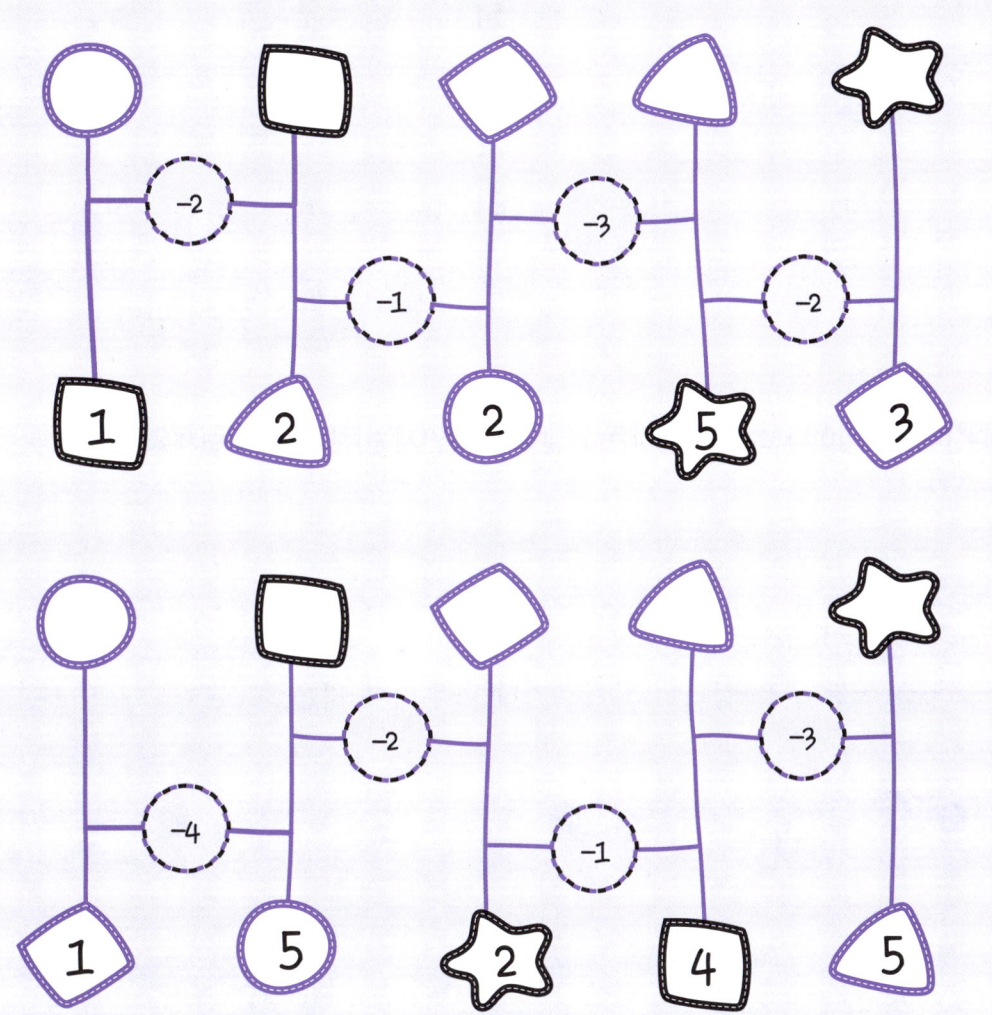

도전시간 8 분 40 초
걸린시간 분 초

1 가로세로 낱말 찾기

다음 네모에서 알고 있는 낱말을 찾아 동그라미를 해 보세요.

> 여기서 찾은 낱말로 2~6번 문제를 풀어요!

매	표	소	지	각	일
수	장	시	설	물	회
도	독	치	품	★	용
꼭	간	미	질	서	품
지	처	리	★	차	례

내가 찾은 낱말 　 개

2 낱말 뜻 알기

다음 설명이나 그림이 뜻하는 낱말이 무엇인지 빈칸을 채워 보세요.

문제 개수 **6** 개

맞은 개수 　 개
틀린 개수 　 개

가 무언가를 위해 만들어 놓은 구조물 .... □ □ 물

나 물건의 성질과 바탕 .... □ 질

다 어떤 일을 정리하여 치르거나 마무리를 지음. .... □ 리

수 □ 꼭 □

□ □ 간

□ □ 용 품

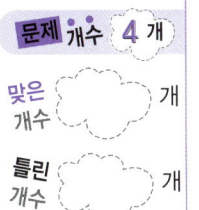

3 비슷한 말 반대말 알기

문제 개수 **4** 개

맞은 개수 ◯ 개

틀린 개수 ◯ 개

다음에서 비슷한 뜻끼리 짝지어진 것에는 '='로, 반대의 뜻끼리 짝지어진 것에는 '↔'로 나타내거나, 부호에 알맞게 낱말을 채워 보세요.

해결	=	(가)
차례	(나)	순서

질서	(다)	무질서
장독간	(라)	장독대

4 큰 말 작은 말 알기

문제 개수 **6** 개

맞은 개수 ◯ 개

틀린 개수 ◯ 개

낱말의 포함 관계에 따라 '<', 또는 '>'로 나타내고, 그림의 위치에 알맞게 낱말을 넣어 보세요.

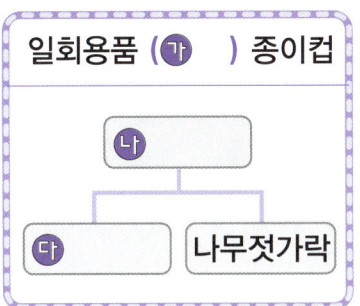

일회용품 (가   ) 종이컵

나

다 | 나무젓가락

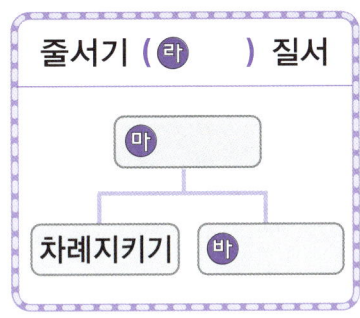

줄서기 (라   ) 질서

마

차례지키기 | 바

일회용품은 한번 사용하고 버리는 물건을 말해.

5 짝을 이루는 말 찾기

문제 개수 **4** 개

맞은 개수 ◯ 개

틀린 개수 ◯ 개

짝을 이루는 말을 찾아 동그라미 하고, 그 말의 뜻을 보기 에서 찾아 번호를 쓰세요.

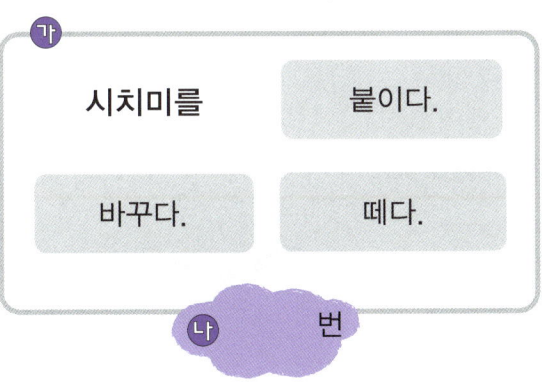

가

시치미를   붙이다.

바꾸다.   떼다.

나   번

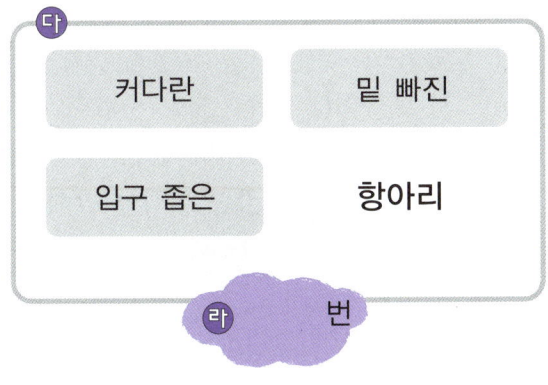

다

커다란   밑 빠진

입구 좁은   항아리

라   번

보기   ① 자기가 하고도 안 한 체하거나 알면서도 모르는 체하다.
② 힘이나 돈을 아무리 써도 끝이 없고 그 보람도 없는 상태이다.

131

다음 ㉮~㉱의 ( )에 알맞은 낱말을 보기에서 찾아 번호를 쓰고, ㉲의 질문에 답해 보세요.

㉮ 우리나라는 핸드폰 만드는 기술이 좋아 ( )이 세계 최고라고 해요.

㉯ 네가 유리를 깨는 걸 봤는데 지금 ( )를 떼는 거냐?

㉰ 놀이터에는 그네나 시소 같은 ( )들이 있어요.

㉱ ( )를 지켜서 입장해 주시기 바랍니다.

㉲ '시치미를 떼다.'를 넣어 짧은 글을 지어 보세요.

→ _____

보기 ① 시치미   ② 처리   ③ 장독간   ④ 시설물   ⑤ 차례   ⑥ 품질

총 문제 개수 **25** 개 | 총 맞은 개수 ◯ 개 | 총 틀린 개수 ◯ 개

좋은 습관 다지는

72

우리 땅의 먹거리가 최고!

글을 읽고 나서 오늘 공부를 신나게 시작하자고!

'신토불이(身土不二)'라는 말이 한동안 유행이었지요. 신토불이란 우리의 몸과 우리가 사는 땅이 둘이 아니고 하나라는 뜻입니다. 우리 몸에는 무엇보다도 우리 땅에서 나는 먹거리와 농산물이 가장 잘 맞는다는 말이지요.

요즘 가게에 가면 수입 농산물과 과일이 넘쳐납니다. 달콤하고 색다른 맛에 우리의 입맛은 많이 길들여졌지요. 하지만 몸에 맞지 않는 음식을 지나치게 먹으면 아토피나 알레르기가 생겨서 오랫동안 고생할 수도 있습니다.

기름진 쌀밥에 구수한 된장국, 그리고 고소한 우리 콩으로 만든 두부 요리와 유정란으로 만든 계란찜. 오늘 저녁엔 이런 우리 농산물로 한 상 가득, 사랑이 담긴 만찬을 먹어 보면 어떨까요?

공_부 습_관 초등어휘

1·2학년

기본 I

정답

01 회 13쪽~16쪽

02 회 17쪽~20쪽

03 회 21쪽~24쪽

01

 퍼즐

새 : 4장
고양이 : 2장
별 : 6장
네모 : 7장
딸기 : 6장

 정답

❶ 가로세로 낱말찾기

가	오	누	이	아	★
족	형	할	아	버	지
★	제	머	기	지	남
어	머	니	★	자	매
며	느	리	울	타	리

❷ 낱말뜻 알기
㉮ 며느리 ㉯ 울타리
㉰ 자매 ㉱ 할머니
㉲ 아기 ㉳ 가족

❸ 비슷한 말 반대말 알기
㉮ 가족 ㉯ = ㉰ =

❹ 큰 말 작은 말 알기
㉮ > ㉯ 가족 ㉰ 부모

❺ 짝을 이루는 낱말 찾기
㉮ ① ㉯ 안으로 굽는다.

❻ 낱말 활용하기
㉯ ⑥ ㉰ ⑤ ㉱ ①
㉲ ⑩ 아들의 아내를 며느리라고 합니다.

02

 퍼즐 자동차

정답

❶ 가로세로 낱말찾기

상	★	식	연	★	공
자	동	물	못	새	싹
★	산	★	들	판	★
모	둥	근	기	둥	마
양	개	울	★	화	단

❷ 낱말뜻 알기
㉮ 들판 ㉯ 개울 ㉰ 동산
㉱ 둥근 기둥 ㉲ 새싹
㉳ 상자

❸ 비슷한 말 반대말 알기
㉮ 화단 ㉯ = ㉰ ↔

❹ 큰 말 작은 말 알기
㉮ > ㉯ 식물 ㉰ 꽃

❺ 짝을 이루는 낱말 찾기
㉮ ② ㉯ 물고기

❻ 낱말 활용하기
㉯ ① ㉰ ③ ㉱ ⑤
㉲ ⑩ 평소에 조용하던 강인이는 운동회에서 물 만난 물고기처럼 뛰어다녔다.

03

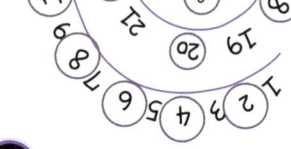 퍼즐

정답

❶ 가로세로 낱말찾기

씩	씩	한	망	태	기
★	리	준	비	물	알
★	듬	뿍	안	녕	림
학	용	품	★	수	장
급	시	간	표	업	★

❷ 낱말뜻 알기
㉮ 씩씩한 ㉯ 리듬
㉰ 학급 ㉱ 시간표
㉲ 망태기 ㉳ 학용품

❸ 비슷한 말 반대말 알기
㉮ 씩씩한 ㉯ = ㉰ =

❹ 큰 말 작은 말 알기
㉮ 학용품 ㉯ 공책 ㉰ >

❺ 짝을 이루는 낱말 찾기
㉮ 앙도가 없다. ㉯ ②

❻ 낱말 활용하기
㉯ ② ㉰ ① ㉱ ④
㉲ ⑩ 시간표를 보니 다음 수업은 즐거운 생활입니다.

04 회 25쪽~28쪽

 퍼즐 ❸, ❻

05 회 29쪽~32쪽

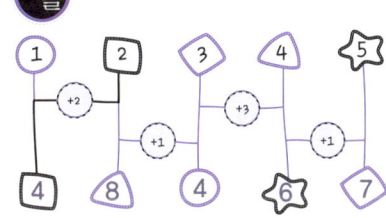

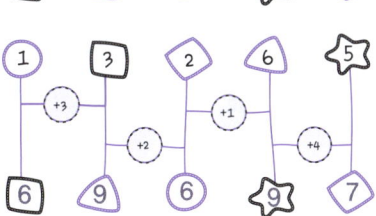

06 회 33쪽~36쪽

퍼즐 15개

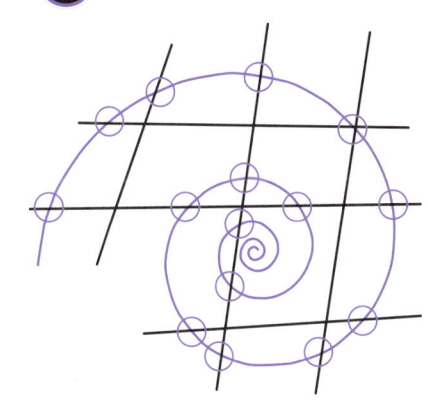

04

정답

① 가로세로 낱말찾기

★	거	리	★	지	★
길	가	★	마	붕	골
★	차	도	을	★	목
고	★	로	굴	뚝	★
향	시	골	★	동	네

② 낱말뜻 알기
가 고향 나 골목
다 길가 라 차도
마 지붕 바 굴뚝

③ 비슷한 말 반대말 알기
가 = 나 ↔
다 ↔ 라 =

④ 큰 말 작은 말 알기
가 > 나 도로 다 차도
라 > 마 고장 바 시골

⑤ 짝을 이루는 말 찾기
가 가지 마라! 나 ②
다 연기 날까. 라 ①

⑥ 낱말 활용하기
가 ① 나 ⑤ 다 ② 라 ③
마 예 우리 동네에는 눈이 많이 옵니다.

05

정답

① 가로세로 낱말찾기

점	도	모	보	조	견
자	움	으	실	명	★
가	르	기	★	안	내
★	맹	안	경	★	용
★	인	★	불	편	지

② 낱말뜻 알기
가 점자 나 가르기
다 맹인 라 안경
마 보조견 바 편지

③ 비슷한 말 반대말 알기
가 맹인 나 ↔
다 = 라 ↔

④ 큰 말 작은 말 알기
가 > 나 문자 다 점자
라 > 마 개 바 보조견

⑤ 짝을 이루는 말 찾기
가 장님 나 ①
다 맞들면 낫다. 라 ②

⑥ 낱말 활용하기
가 ③ 나 ① 다 ② 라 ⑤
마 예 친구와 함께 청소를 하니 혼자 할 때보다 훨씬 빨리 끝났을 때

06

정답

① 가로세로 낱말찾기

구	조	★	교	과	서
★	성	움	★	색	★
용	격	직	특	종	사
구	★	임	기	이	물
작	품	취	미	★	함

② 낱말뜻 알기
가 구조 나 성격 다 취미
라 색종이 마 사물함
바 교과서

③ 비슷한 말 반대말 알기
가 사물함 나 ↔ 다 =
라 =

④ 큰 말 작은 말 알기
가 > 나 성격 다 꼼꼼하다
라 > 마 취미 바 노래

⑤ 짝을 이루는 말 찾기
가 기르다. 나 ②
다 세우다. 라 ①

⑥ 낱말 활용하기
가 ⑥ 나 ② 다 ① 라 ③
마 예 이순신 장군은 왜적을 무찌르기 위해 힘을 길렀다.

135

퍼즐

 퍼즐

 퍼즐

 정답

1 가로세로 낱말찾기

동	굴	★	메	바	목
★	꽃	잎	아	람	청
산	봉	우	리	개	껏
울	오	솔	길	비	★
림	리	살	랑	바	람

2 낱말뜻 알기
가 동굴 나 살랑바람
다 목청껏 라 산봉우리
마 꽃봉오리 바 바람개비

3 비슷한 말 반대말 알기
가 메아리 나 =
다 ↔ 라 =

4 큰 말 작은 말 알기
가 > 나 꽃 다 꽃봉오리
라 > 마 산 바 산봉우리

5 짝을 이루는 말 찾기
가 산이다. 나 ②
다 넣다. 라 ①

6 낱말 활용하기
가 ② 나 ③ 다 ⑤ 라 ①
마 예 동생을 때려서 엄마에게 혼났는데 성적표까지 보여드려야 할 때

 정답

1 가로세로 낱말찾기

냄	새	빼	눈	소	리
더	하	기	치	★	입
★	뺄	★	느	낌	술
덧	셈	모	귓	볼	얼
혀	★	습	향	기	굴

2 낱말뜻 알기
가 더하기 나 냄새
다 느낌 라 혀
마 입술 바 얼굴

3 비슷한 말 반대말 알기
가 덧셈 나 =
다 = 라 ↔

4 큰 말 작은 말 알기
가 < 나 몸 다 얼굴
라 > 마 수학 바 뺄셈

5 짝을 이루는 말 찾기
가 내두르다. 나 ①
다 두껍다. 라 ②

6 낱말 활용하기
가 ⑤ 나 ① 다 ④ 라 ⑥
마 예 암산으로 세 자리 뺄셈을 하는 것이 올해의 나의 목표이다.

 정답

1 가로세로 낱말찾기

횡	교	통	경	찰	녹
단	안	전	점	★	색
보	★	★	멸	지	어
도	신	호	등	시	머
표	지	판	주	의	니

2 낱말뜻 알기
가 안전 나 주의
다 점멸등 라 신호등
마 표지판 바 횡단보도

3 비슷한 말 반대말 알기
가 주의 나 ↔
다 ↔ 라 =

4 큰 말 작은 말 알기
가 > 나 신호등 다 파란불
라 < 마 표지판
바 지시표지판

5 짝을 이루는 말 찾기
가 채찍질한다. 나 ②
다 두드리며 건너라. 라 ①

6 낱말 활용하기
가 ④ 나 ③ 다 ① 라 ⑤
마 예 시험을 보고 나서 아는 문제를 실수로 틀렸다는 걸 알았을 때

10회

 퍼즐

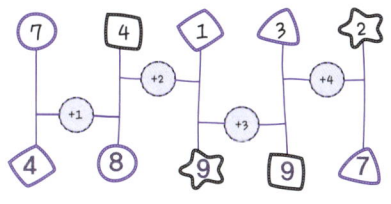
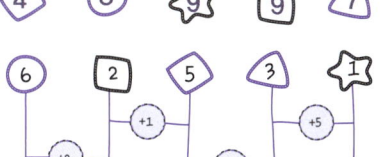

정답

1 가로세로 낱말찾기

뻐	꾸	기	시	계	느
깨	글	자	냇	★	낌
종	생	각	물	음	표
시	의	까	닭	온	점
계	견	문	장	부	호

2 낱말뜻 알기
가 문장부호 나 까닭
다 의견 라 느낌표
마 괘종시계 바 시냇물

3 비슷한 말 반대말 알기
가 온점 나 ↔
다 = 라 ↔

4 큰 말 작은 말 알기
가 > 나 문장부호
다 물음표 라 <
마 시계 바 괘종시계

5 짝을 이루는 말 찾기
가 그대로 나 ①
다 벌다. 라 ②

6 낱말 활용하기
가 ④ 나 ③ 다 ① 라 ⑥
마 예 선예는 예은이와 다른 의견을 말했습니다.

11회

 퍼즐

 문제1 ❷

 문제2 ❶

정답

1 가로세로 낱말찾기

한	방	내	★	한	정
소	아	과	의	의	형
치	과	주	사	원	외
안	이	비	인	후	과
과	병	원	붕	대	★

2 낱말뜻 알기
가 정형외과 나 한방
다 내과 라 주사기
마 의사 바 붕대

3 비슷한 말 반대말 알기
가 병원 나 ↔
다 ↔ 라 =

4 큰 말 작은 말 알기
가 > 나 의료기구 다 붕대
라 > 마 병원 바 내과

5 짝을 이루는 말 찾기
가 약 준다. 나 ②
다 용한 줄 모른다. 라 ①

6 낱말 활용하기
가 ① 나 ④ 다 ③ 라 ⑤
마 예 나를 마구 꼬집던 누나가 갑자기 용돈을 주며 친절하게 대할 때

12회

 퍼즐

 문제1 ●

 문제2 ☆

 문제3

정답

1 가로세로 낱말찾기

조	회	소	꿉	놀	이
★	하	자	신	감	가
상	급	생	자	랑	장
★	생	★	단	반	자
자	습	장	점	죽	리

2 낱말뜻 알기
가 가장자리 나 상급생
다 장점 라 소꿉놀이
마 반죽 바 조회

3 비슷한 말 반대말 알기
가 하급생 나 ↔
다 = 라 ↔

4 큰 말 작은 말 알기
가 > 나 학생 다 하급생
라 < 마 놀이 바 소꿉놀이

5 짝을 이루는 말 찾기
가 찌르다. 나 ①
다 아랫물도 맑다. 라 ②

6 낱말 활용하기
가 ⑤ 나 ② 다 ③ 라 ④
마 예 어른의 행동을 아기들이 그대로 따라할 때

13회 61쪽~64쪽

 퍼즐 3번

정답

① 가로세로 낱말찾기

그	림	★	스	케	치
도	화	지	★	오	전
★	가	무	용	후	★
쓸	모	울	아	물	색
풍	경	상	까	감	칠

② 낱말뜻 알기
㉮ 오전 ㉯ 쓸모 ㉰ 무용
㉱ 그림 ㉲ 화가 ㉳ 물감

③ 비슷한 말 반대말 알기
㉮ 무용 ㉯ ↔
㉰ = ㉱ =

④ 큰 말 작은 말 알기
㉮ > ㉯ 하루 ㉰ 오전
㉱ > ㉲ 그림 ㉳ 스케치

⑤ 짝을 이루는 말 찾기
㉮ 새롭다. ㉯ ②
㉰ 떡이다. ㉱ ①

⑥ 낱말 활용하기
㉮ ④ ㉯ ⑤ ㉰ ① ㉱ ⑥
㉲ ㉞ 맛있는 과자가 너무 높은 선반 위에 있어 손이 닿지 않을 때

14회 65쪽~68쪽

 퍼즐

출발 / 도착

정답

① 가로세로 낱말찾기

철	길	보	행	자	★
높	이	무	열	★	과
★	넓	게	매	결	실
농	이	원	두	막	★
장	나	무	과	수	원

② 낱말뜻 알기
㉮ 무게 ㉯ 과수원
㉰ 보행자 ㉱ 철길
㉲ 높이 ㉳ 원두막

③ 비슷한 말 반대말 알기
㉮ 철길 ㉯ =
㉰ ↔ ㉱ =

④ 큰 말 작은 말 알기
㉮ < ㉯ 열매 ㉰ 감자
㉱ > ㉲ 과수원 ㉳ 사과밭

⑤ 짝을 이루는 말 찾기
㉮ 맺다. ㉯ ①
㉰ 대봐야 안다. ㉱ ②

⑥ 낱말 활용하기
㉮ ③ ㉯ ① ㉰ ④ ㉱ ⑤
㉲ ㉞ 덩치만 보고 내 힘이 더 약할 거라고 사람들이 생각할 때

15회 69쪽~72쪽

퍼즐

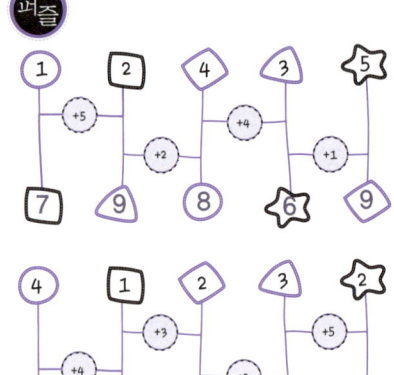

정답

① 가로세로 낱말찾기

장	단	★	민	풍	★
전	래	동	요	물	대
꽹	래	어	장	놀	중
과	소	깨	구	이	가
리	고	춤	사	위	요

② 낱말뜻 알기
㉮ 어깨춤 ㉯ 전래동요
㉰ 민요 ㉱ 춤사위
㉲ 꽹과리 ㉳ 소고

③ 비슷한 말 반대말 알기
㉮ 춤사위 ㉯ =
㉰ = ㉱ =

④ 큰 말 작은 말 알기
㉮ > ㉯ 풍물 ㉰ 장구
㉱ > ㉲ 민요 ㉳ 아리랑

⑤ 짝을 이루는 말 찾기
㉮ 꽹과리 같다. ㉯ ②
㉰ 맞추다. ㉱ ①

⑥ 낱말 활용하기
㉮ ① ㉯ ③ ㉰ ④ ㉱ ⑤
㉲ ㉞ 코미디언들이 농담을 하며 서로 말을 주거니 받거니 알 때

16회 73쪽~76쪽

퍼즐
- 문제1 **4**
- 문제2 **2**

정답

1 가로세로 낱말찾기

★	버	★	도	저	히
빗	릇	돌	부	리	흙
장	대	문	고	리	쩍
★	표	정	따	스	한
흉	내	★	장	면	★

2 낱말뜻 알기
- 가 도저히 나 따스한
- 다 장면 라 빗장
- 마 돌부리 바 대문

3 비슷한 말 반대말 알기
- 가 도저히 나 =
- 다 = 라 ↔

4 큰 말 작은 말 알기
- 가 > 나 문 다 여닫이문
- 라 > 마 느낌 바 따스한

5 짝을 이루는 말 찾기
- 가 여든까지 간다. 나 ①
- 다 내 발만 아프다. 라 ②

6 낱말 활용하기
- 가 ④ 나 ⑤ 다 ② 라 ①
- 마 예 드라마에서 여자 주인공이 병에 걸리는 장면은 참 슬프다.

17회 77쪽~80쪽

퍼즐
- 문제1
- 문제2

정답

1 가로세로 낱말찾기

도	재	활	용	표	★
구	★	수	염	시	간
모	양	자	★	행	사
폐	팽	팔	랑	개	비
품	이	★	이	슬	★

2 낱말뜻 알기
- 가 도구 나 재활용
- 다 행사 라 수염
- 마 모양자 바 팽이

3 비슷한 말 반대말 알기
- 가 도구 나 ↔
- 다 = 라 ↔

4 큰 말 작은 말 알기
- 가 > 나 자 다 모양자
- 라 < 마 도구 바 망치

5 짝을 이루는 말 찾기
- 가 사라졌다. 나 ②
- 다 먹어야 양반이다. 라 ①

6 낱말 활용하기
- 가 ③ 나 ④ 다 ⑤ 라 ①
- 마 예 분리 수거와 재활용을 잘 해야 환경 오염을 막을 수 있다.

18회 81쪽~84쪽

퍼즐

정답

1 가로세로 낱말찾기

국	화	광	한	글	날
기	★	복	강	현	제
개	천	절	산	충	헌
태	극	기	삼	일	절
★	국	군	의	날	★

2 낱말뜻 알기
- 가 국경일 나 개천절
- 다 현충일 라 국화
- 마 국기 바 한글날

3 비슷한 말 반대말 알기
- 가 삼일절 나 =
- 다 = 라 =

4 큰 말 작은 말 알기
- 가 > 나 국경일 다 제헌절
- 라 < 마 국가의 상징
- 바 국화

5 짝을 이루는 말 찾기
- 가 산다. 나 ②
- 다 백성 없다. 라 ①

6 낱말 활용하기
- 가 ⑥ 나 ④ 다 ⑤ 라 ①
- 마 예 손해를 보더라도 절대 거짓말을 하지 않는 사람을 보았을 때

 퍼즐

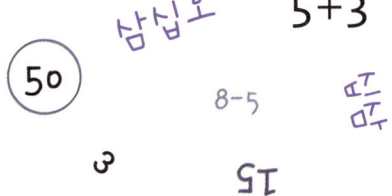

이십이 27 카드

삼십오   5+3

(50)

8-5   삼

3

15

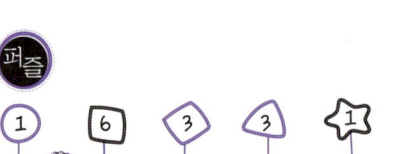 퍼즐
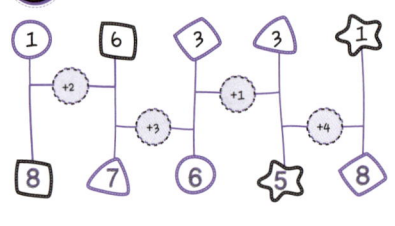
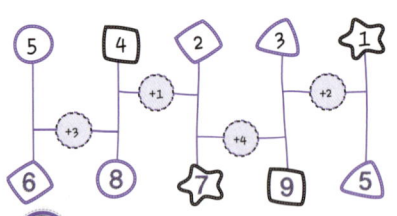

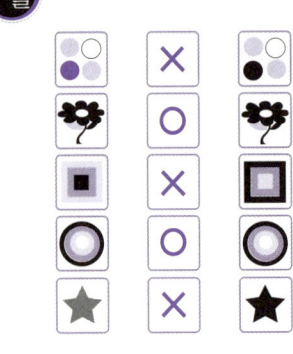

 정답

① 가로세로 낱말찾기

빙	산	싸	★	동	면
판	★	락	고	드	름
함	박	눈	보	라	겨
★	추	★	썰	매	울
★	위	얼	음	산	잠

② 낱말뜻 알기
가 겨울잠 나 눈보라
다 동상 라 고드름
마 빙판 바 썰매

③ 비슷한 말 반대말 알기
가 빙판 나 ↔
다 = 라 =

④ 큰 말 작은 말 알기
가 < 나 눈 다 싸락눈
라 < 마 얼음 바 빙판

⑤ 짝을 이루는 말 찾기
가 봄 오라! 나 ②
다 일각 라 ①

⑥ 낱말 활용하기
가 ④ 나 ⑤ 다 ② 라 ①
마 예 눈보라가 너무 심해서 창문을 꼭 닫았습니다.

정답

① 가로세로 낱말찾기

★	인	발	자	국	★
친	척	심	부	름	자
★	가	훈	족	★	랑
방	법	행	화	목	거
호	두	동	분	★	리

② 낱말뜻 알기
가 친척 나 가훈 다 화목
라 발자국 마 화분
바 호두

③ 비슷한 말 반대말 알기
가 가훈 나 ↔
다 = 라 =

④ 큰 말 작은 말 알기
가 > 나 가르침 다 가훈
라 < 마 양 바 부족

⑤ 짝을 이루는 말 찾기
가 행동이 어렵다. 나 ②
다 사촌보다 낫다. 라 ①

⑥ 낱말 활용하기
가 ③ 나 ⑤ 다 ⑥ 라 ①
마 예 아침에 일찍 일어나겠다고 늘 다짐하지만 지키기 어려울 때

정답

① 가로세로 낱말찾기

운	동	회	★	처	마
★	작	음	주	먹	손
음	품	원	흥	겹	게
악	이	웃	총	채	★
대	★	종	드	래	기

② 낱말뜻 알기
가 응원 나 흥겹게
다 종드래기 라 운동회
마 주먹손 바 총채

③ 비슷한 말 반대말 알기
가 운동회 나 =
다 = 라 =

④ 큰 말 작은 말 알기
가 > 나 청소도구
다 총채 >
마 지붕 바 처마

⑤ 짝을 이루는 말 찾기
가 띄다. 나 ①
다 맵다. 라 ②

⑥ 낱말 활용하기
가 ⑤ 나 ⑥ 다 ③ 라 ④
마 예 내 짝꿍은 손이 매워서 살짝만 때려도 멍이 들 정도이다.

22회

 퍼즐

 문제1 ❸

 문제2 ❷

 정답

1 가로세로 낱말찾기

거	★	도	둑	배	달
름	답	장	달	팽	이
★	전	★	떡	시	루
엽	보	반	가	움	발
서	★	택	배	★	등

2 낱말뜻 알기
가 발등 나 거름 다 엽서
라 달팽이 마 떡시루
바 도장

3 비슷한 말 반대말 알기
가 거름 나 =
다 = 라 ↔

4 큰 말 작은 말 알기
가 > 나 우편물 다 편지
라 > 마 마음 바 반가움

5 짝을 이루는 말 찾기
가 깡통 나 ①
다 먹듯 라 ②

6 낱말 활용하기
가 ⑥ 나 ② 다 ④ 라 ⑤
마 예) 옆집 친구가 전학간
다는 소식을 나 혼자 모
르고 있었을 때

23회

 퍼즐

 정답

1 가로세로 낱말찾기

만	골	고	루	어	림
들	실	집	★	울	★
다	제	섬	함	림	방
★	고	치	다	★	법
보	살	핌	★	문	제

2 낱말뜻 알기
가 골고루 나 어림
다 방법 라 만들기
마 제설함 바 문제

3 비슷한 말 반대말 알기
가 골고루 나 =
다 = 라 ↔

4 큰 말 작은 말 알기
가 > 나 만들다 다 자르다
라 > 마 문제 바 수수께끼

5 짝을 이루는 말 찾기
가 고집을 부리다. 나 ①
다 반 푼 어치도 없다. 라 ②

6 낱말 활용하기
가 ③ 나 ② 다 ⑤ 라 ①
마 예) 내 동생은 늘 황소
고집을 부려서 엄마에게
혼이 나곤 한다.

24회

 퍼즐

 정답

1 가로세로 낱말찾기

감	상	★	무	대	★
★	꼬	부	랑	무	방
계	★	나	팔	서	향
이	구	합	★	리	송
름	호	주	머	니	편

2 낱말뜻 알기
가 감상 나 무서리
다 구호 라 계이름
마 합주 바 송편

3 비슷한 말 반대말 알기
가 계이름 나 ↔
다 ↔ 라 =

4 큰 말 작은 말 알기
가 > 나 악기 다 나팔
라 < 마 연주 바 합주

5 짝을 이루는 말 찾기
가 호주머니를 나 ②
다 꼬부랑 라 ①

6 낱말 활용하기
가 ③ 나 ④ 다 ② 라 ⑤
마 예) 나는 호주머니를 털
어서 게임씨디를 샀다.

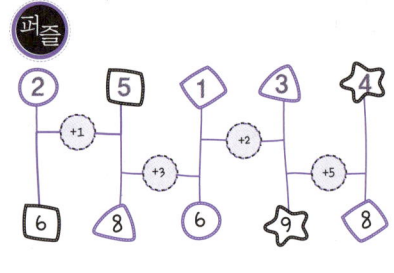

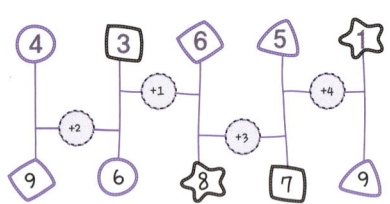

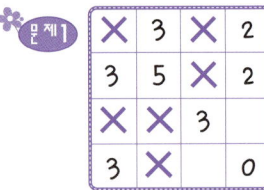

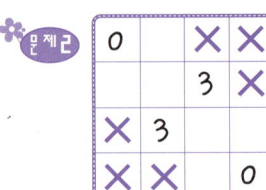

25회 109쪽~112쪽

정답

① 가로세로 낱말찾기

배	고	픔	★	슬	앙
보	심	부	름	그	감
글	뼈	다	귀	머	질
보	★	시	샘	니	★
글	상	처	투	성	이

② 낱말뜻 알기
가 슬그머니 나 보글보글
다 고심 라 앙감질
마 뼈다귀 바 상처투성이

③ 비슷한 말 반대말 알기
가 앙감질 나 ↔
다 = 라 =

④ 큰 말 작은 말 알기
가 > 나 동물 다 살덩이
라 > 마 행동 바 앙감질

⑤ 짝을 이루는 말 찾기
가 남다. 나 ②
다 들다. 라 ①

⑥ 낱말 활용하기
가 ② 나 ④ 다 ⑤ 라 ③
마 예 어제 텔레비전에서
본 아프리카 난민 아이
들은 뼈만 남았을 정도
로 말라 있었다.

26회 113쪽~116쪽

퍼즐 ⑥

정답

① 가로세로 낱말찾기

정	리	★	보	호	관
★	혼	가	습	기	찰
여	자	★	관	심	★
럿	★	물	건	포	도
이	함	께	★	체	조

② 낱말뜻 알기
가 정리 나 호기심
다 물건 라 관찰
마 체조 바 가습기

③ 비슷한 말 반대말 알기
가 함께 나 ↔
다 = 라 =

④ 큰 말 작은 말 알기
가 > 나 수 다 혼자
라 < 마 운동 바 체조

⑤ 짝을 이루는 말 찾기
가 쇠도 녹인다. 나 ②
다 체조한다. 라 ①

⑥ 낱말 활용하기
가 ⑤ 나 ② 다 ① 라 ⑥
마 예 물건과 다른 물건을
맞바꾸는 것을 물물교환
이라고 해요.

27회 117쪽~120쪽

퍼즐

문제1

✕	3	✕	2
3	5	✕	2
✕	✕	3	
3	✕		0

문제2

0		✕	✕
		3	✕
✕	3		
✕	✕		0

정답

① 가로세로 낱말찾기

민	고	누	윷	놀	이
속	한	복	옷	★	대
놀	★	저	고	리	님
이	옷	깃	름	투	호
강	강	술	래	버	선

② 낱말뜻 알기
가 대님 나 옷깃 다 고누
라 저고리 마 강강술래
바 투호

③ 비슷한 말 반대말 알기
가 한복 나 =
다 ↔ 라 =

④ 큰 말 작은 말 알기
가 > 나 민속놀이
다 고누 라 <
마 저고리 바 옷깃

⑤ 짝을 이루는 말 찾기
가 날개다. 나 ②
다 바지까지 라 ①

⑥ 낱말 활용하기
가 ⑥ 나 ② 다 ⑤ 라 ④
마 예 매일 부스스하게 있
던 고모가 웨딩드레스를
입으니 정말 예쁘게 보
였을 때

28

 퍼즐

문제1

			4
		3	
	6		3

문제2

2			
	6		
			2
6			

문제3

		6	
			4
	4		
2			

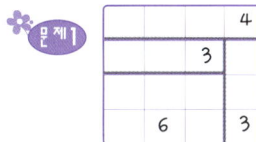
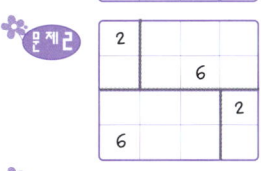
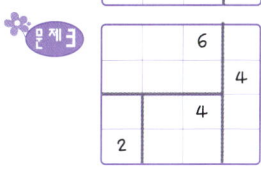

정답

1 가로세로 낱말찾기

★	부	리	헛	학	자
외	화	살	간	문	★
딴	쟁	반	★	편	식
집	★	저	물	다	★
잽	싸	게	제	자	리

2 낱말뜻 알기
- 가 편식 나 잽싸게
- 다 학자 라 활과 화살
- 마 부리 바 쟁반

3 비슷한 말 반대말 알기
- 가 잽싸게 나 ↔
- 다 = 라 ↔

4 큰 말 작은 말 알기
- 가 < 나 무기 다 화살
- 라 < 마 부엌살림
- 바 쟁반

5 짝을 이루는 말 찾기
- 가 돌리다. 나 ①
- 다 맡다. 라 ②

6 낱말 활용하기
- 가 ① 나 ⑤ 다 ② 라 ④
- 마 예 내 동생은 편식을 해서 엄마에게 매일 혼이 난다.

29

 퍼즐

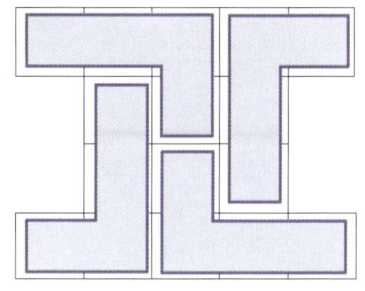

정답

1 가로세로 낱말찾기

재	다	★	정	확	한
비	★	가	까	이	멀
슷	얼	마	나	★	리
하	운	동	장	갑	어
다	애	쓰	다	★	카

2 낱말뜻 알기
- 가 애쓰다 나 정확한
- 다 비슷하다 라 가마
- 마 운동장 바 리어카

3 비슷한 말 반대말 알기
- 가 리어카 나 ↔
- 다 ↔ 라 =

4 큰 말 작은 말 알기
- 가 < 나 모습 다 비슷하다
- 라 < 마 거리 바 가까이

5 짝을 이루는 말 찾기
- 가 길면 얼마나 길까! 나 ①
- 다 마르다. 라 ②

6 낱말 활용하기
- 가 ② 나 ① 다 ⑥ 라 ③
- 마 예 비가 그치고 난 뒤의 하늘이 얼마나 푸른지 몰라요.

30

퍼즐

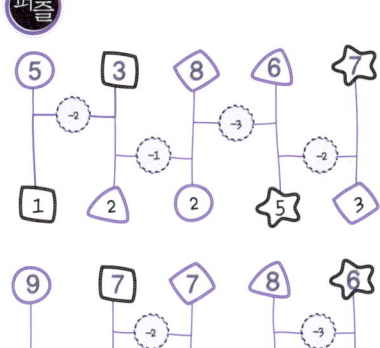

정답

1 가로세로 낱말찾기

매	표	소	지	각	일
수	장	시	설	물	회
도	독	치	품	★	용
꼭	간	미	질	서	품
지	처	리	★	차	례

2 낱말뜻 알기
- 가 시설물 나 품질
- 다 처리 라 수도꼭지
- 마 장독간 바 일회용품

3 비슷한 말 반대말 알기
- 가 처리 나 =
- 다 ↔ 라 =

4 큰 말 작은 말 알기
- 가 > 나 일회용품
- 다 종이컵 라 < 마 질서
- 바 줄서기

5 짝을 이루는 말 찾기
- 가 떼다. 나 ①
- 다 밑 빠진 라 ②

6 낱말 활용하기
- 가 ⑥ 나 ① 다 ④ 라 ⑤
- 마 예 정수는 선생님 몰래 과자를 먹고도 안 먹은 척 시치미를 뗐다.